en Trümmern

Krieges

wischen Unterh

a

ga

st

ad

Na

ch

dja

1944
Ein guter Jahrgang

hre

erung · Kindhe

ern · Im Zeich

eg, Film, Fußba

haltung und Pro

Kleinstadtkindh

riegszeit · Juge

r Veränderung

en Trümmern ·

Krieges · Krieg

wischen Unter...

paganda · Eine

tkindheit in der

zeit · Jugendjah...

lerung · Kindhe...

nern · Im Zeiche...

eg, Film, Fußba...

naltung und Pro...

Kleinstadtkindh...

riegszeit · Juge...

r Veränderung

hen Trümmern

Manfred Heuberg

1944
Ein guter Jahrgang

Weltbild

Inhalt

Meine Geschichte

Seite 35

Kindheit zwischen Trümmern

Liebe Leserin und lieber Leser
des Jahrgangs 1944,

wer im Krieg geboren wurde, hatte
keinen einfachen Start ins Leben. Viele von uns erblickten das Licht dieser
Welt in Trümmerlandschaften oder in
Bunkern. Die Städte waren durch
Bomben zerstört, viele Väter gefallen,
vermisst oder in Kriegsgefangenschaft.
Auch als der Friede endlich erkämpft
war, herrschte noch viele Jahre Entbehrung, Mangel und häufig genug
blanke Not. Unsere Anfänge waren
also schwierig, doch dann erlebten
wir, wie schnell es wieder aufwärts
ging, im Westen wie im Osten. In der
kurzen Spanne unserer Kindheit und
Jugend wurde aus einem zerstörten
und entmutigten Land eine neue, moderne Wohlstandsgesellschaft. Die
Trümmer wurden beseitigt, die Städte
erstanden neu. Uns überrollte die
Fresswelle, dann die Motorisierungs-
welle, schließlich die Reisewelle. Auch
wenn wir nicht zur »Aufbaugenera-
tion« gehören, so hatten wir doch Teil
an diesen rasanten Veränderungen
und profitierten von ihnen.

Wir wurden aber nicht nur in einem mörderischen Krieg geboren, wir
sind auch Kinder des Kalten Krieges.
Das Land, in dem wir groß geworden
sind, war geteilt, und die politischen
Systeme standen sich unversöhnlich
gegenüber. Das führte in unserer Generation zu ganz unterschiedlichen

Erfahrungen und Prägungen. Wir erlebten die Verschärfung dieser Konflikte, bis am Ende unserer Jugend das
Menetekel des Mauerbaus stand, der
die Trennung voneinander auf Jahrzehnte zementierte.

In unseren persönlichen Erinnerungen lebt das alles fort, im Großen wie
im Kleinen. Ich möchte in diesem
Buch die »große« wie die »kleine« Geschichte des Jahrgangs 1944 zu Wort
kommen lassen. Im ersten Teil »Histo-
risches« geht es um das Jahr 1944
selbst, unser Geburtsjahr: Was waren
die wichtigen und die interessanten
Ereignisse und Erfahrungen dieses Jahres in Politik, Kultur und Sport? Was
charakterisiert dieses Jahr, in das wir
hineingeboren wurden? Im zweiten
Teil »Meine Geschichte« erzähle ich
dann über mein eigenes Leben als
Kind und Jugendlicher im Nachkriegs-
deutschland, über frühe Erfahrungen,
die so oder ähnlich wohl viele meiner
Altersgenossen gemacht haben.

Ich bin zuversichtlich, liebe Leserin
und lieber Leser, dass meine Erzählungen Sie dazu anregen werden, Rückschau zu halten und Ihre eigenen Erinnerungen zu befragen. So werden
wir, die im Jahre 1944 Geborenen,
am Ende gemeinsam besser verstehen,
wie wir wurden, was wir sind: ein
»guter Jahrgang«.

Ihr
Manfred Heuberg

Historisches

Was in unserem Geburtsjahr passierte, hat die Welt beeinflusst, in der wir aufgewachsen sind. Neben den weltpolitischen Ereignissen hinterließ auch scheinbar Nebensächliches seine Spuren.

Humphrey Bogart · Ingrid B
in:
CASABLAN
Paul He
Regie: Michael

Im Zeichen des Krieges

1944 – das vorletzte Jahr des Zweiten Weltkriegs. An der Niederlage des nationalsozialistischen Deutschland und seiner Verbündeten gibt es keinen Zweifel mehr, doch das NS-Regime mobilisiert für einen fanatischen »Endkampf«. Letztendlich kann es damit jedoch nur sein eigenes Ende um einige Monate hinauszögern. Langsam macht sich, nicht nur bei der Führungsriege, die Furcht breit vor dem, was »danach« kommen wird. Vielen ist klar, dass dieses Land durch Eroberungskrieg und Völkermord große Schuld auf sich geladen hat, die wohl nicht ungesühnt bleiben wird.

Das Jahr 1944 steht jedoch noch ganz im Zeichen des Krieges. Das gilt nicht nur für die militärischen und politischen Ereignisse, sondern ebenso für Kultur und Sport in Deutschland wie in Europa und der Welt. Die folgenden Schlaglichter auf die Geschichte des Jahres 1944 leuchten daher kaum ein Ereignis aus, das vom Krieg gänzlich unberührt blieb. Noch müssen der Frieden und eine humane und freiheitliche Ordnung für unser Land erst erkämpft werden.

1200 Jahre Stadtgeschichte versinken im Feuersturm

Am Abend des 22. März 1944 nehmen 800 Halifax-, Lancaster- und Mosquitobomber der britischen Royal Airforce Kurs auf Frankfurt am Main. Das Manöver trifft die Stadt fast ungeschützt – ein Scheinangriff auf Kassel hat die deutsche Luftabwehr getäuscht. In drei Wellen werfen die

Schrecken des Luftkrieges

Der Bombenkrieg stellt eine neue Qualität der Kriegsführung dar: Er trifft nicht nur die Soldaten an der Front, sondern die Zivilbevölkerung im Hinterland. Die Deutschen selbst hatten diese Strategie gleich zu Beginn des Zweiten Weltkrieges verfolgt. Sie ist Teil des berüchtigten deutschen »Blitzkrieges«. Der Überfall auf Polen wird eröffnet mit der Zerstörung einer unbedeutenden Kleinstadt durch die deutsche Luftwaffe. 1200 Bewohner sterben. Es ist nur ein »Testlauf«: Im September 1939 bombt man Warschau binnen eines Monats in die Kapitulation, im Mai 1940 fliegt man auf Rotterdam und später – im Rahmen der »Luftschlacht um England« – auf London und andere englische Städte. Berüchtigt wurde die fast vollständige Zerstörung der Stadt Coventry durch deutsche Bomber. Die Deutschen fliegen im Laufe des Krieges Luftangriffe in Belgien, Frankreich, Jugoslawien, Griechenland und auf Stalingrad.

Noch vier Jahre nach dem Angriff vom 22. März 1944 sind seine Spuren allgegenwärtig. Deutlich ablesen lässt sich das an dieser 1948 entstandenen Aufnahme vom Ostflügel des Frankfurter Rathauses.

Bomber innerhalb einer Stunde Tausende Sprengbomben und Hunderttausende Brandbomben ab. Sie treffen die historische Altstadt mit ihrem reichen Bestand an Fachwerkhäusern, die den Flammen fast vollständig zum Opfer fallen. Etwa 1000 Menschen werden in dieser Nacht getötet, sie ersticken in den Luftschutzräumen, werden von Trümmern erschlagen oder in den Feuersturm hineingezogen. Rund 7000 Wohngebäude und Industrieanlagen sind zerstört oder schwer beschädigt, etwa 120 000 Frankfurter werden obdachlos.

Es ist nicht der erste Luftangriff auf Frankfurt, und es wird auch nicht der letzte sein. Erst vier Tage zuvor haben britische Bomber eine ähnliche Spur der Verwüstung durch die Stadt am Main gezogen. Seit Juni 1940 hatte es Angriffe auf Industrieanlagen im Stadtgebiet gegeben, ab August 1941

wurden Flüssigkeitsbrandbomben eingesetzt; zum ersten Mal war auch die Zivilbevölkerung massiv betroffen. Bis zum 8. März 1945 wird Frankfurt das Ziel von insgesamt 54 alliierten Bombenangriffen, denen etwa 5500 Einwohner und 70 Prozent der Bausubstanz zum Opfer fallen. Der große mittelalterliche Stadtkern ist am Ende des Krieges in Schutt und Asche gelegt, die bedeutenden Erinnerungsorte der deutschen Geschichte, der Dom als Wahl- und Krönungsstätte der deutschen Kaiser und die Paulskirche als Sitz des ersten deutschen Parlaments, sind zerstört oder schwer beschädigt.

Fast alle großen deutschen Städte teilen dieses Schicksal, vor allem jene, in denen viele Industriebetriebe angesiedelt sind, die für die Wehrmacht arbeiten. Seit die Royal Airforce im Jahre 1940 zum ersten Mal Flächenangriffe auf deutsche Städte fliegt, zielt sie nicht nur auf die Vernichtung kriegswichtiger Produktionsstätten und Verkehrswege, sondern auch auf die Zivilbevölkerung: Ihre Moral soll durch das Zerstörungswerk der Bomben gebrochen, ihre Loyalität zum nationalsozialistischen Regime untergraben und so letztendlich die Machthaber zum Aufgeben gezwungen werden. Spätestens mit der Berufung von Luftmarschall Arthur Harris zum Leiter des britischen Bomber Command im Februar 1942 rückt das »moral bombing« ganz ins Zentrum des Luftkriegs der Alliierten. Es trifft Köln, Essen und Hamburg, aber mit Würzburg und Dresden auch Städte, die keine militärische Bedeutung haben.

1942 dehnen die Alliierten ihre Angriffe in Deutschland massiv aus und

Der Frankfurter Kaiserdom blieb noch jahrelang Ruine. Um ihn vor weiterem Verfall zu schützen, erhielt er ein provisorisches Holzdach.

steigern sie bis zum Kriegsende immer weiter, nachdem sie Anfang 1944 die uneingeschränkte Lufthoheit über Europa gewonnen haben. Die britische und amerikanische Militärführung verfolgt dabei eine koordinierte Angriffsstrategie: Während die amerikanischen Bomber tagsüber angreifen, attackieren die Briten bei Nacht.

Die erhoffte psychologische Wirkung des Dauerbombardements auf die Bevölkerung bleibt allerdings aus. Die Angriffe schweißen die Deutschen noch stärker zusammen, als es die Propaganda vermag. Es tauchen Durchhalteparolen an den Häuserwänden auf, vorsichtige Kritik wird durch Repressionen zum Schweigen gebracht. Statt des erhofften Aufstandes wird höchstens Resignation erzeugt. Auch die Rüstungsproduktion läuft weiter – unter der Erde. Für den Untergang des NS-Regimes und den Zeitpunkt des Kriegsendes bleibt der Bombenkrieg ohne Bedeutung.

Die verheerende Bilanz des Bombenkrieges: zwischen 400 000 und 570 000 Deutsche kamen bei den Luftangriffen um, dazu ungezählte Zwangsarbeiter und Kriegsgefangene, die keine Schutzmöglichkeiten erhielten. Auf alliierter Seite sind es etwa 60 000 Menschen, die bei deutschen Luftangriffen in England starben, und rund 160 000 alliierte Flieger. Sieben Millionen Menschen wurden obdachlos in Städten, deren geschichtlich gewachsenes Bild unwiederbringlich verloren ist. Deutschland wurde 1944/45 zu einer Ruinenlandschaft.

D-Day, 6. Juni 1944: Alliierte Soldaten waten aus einem Landungsboot auf den Strand zu, vorsichtig darauf bedacht, dass ihre Schusswaffen nicht durch Spritzwasser einsatzunfähig werden. Noch heute zeigt die Küste der Normandie deutliche Spuren der damaligen Kampfhandlungen.

»Freunde sind auf dem Weg zu uns«

Als es am Morgen des 6. Juni 1944 über dem Atlantik dämmert, sehen die Wehrmachtssoldaten in ihren Gefechtsständen am Horizont eine schwarze Wand, die sich auf sie zuschiebt. Eine moderne Armada aus Tausenden Schiffen und Landungsbooten nähert sich den Stränden der Normandie: Es ist D-Day, der Tag der alliierten Invasion im besetzten Frankreich. Die *Operation Overlord* wird unter dem Oberkommando von General Dwight D. Eisenhower, dem späteren US-Präsidenten, die größte Befreiungsoperation der Kriegsgeschichte.

Im Morgengrauen dieses Tages landen in einer ersten Angriffswelle etwa 170 000 Soldaten verschiedener Nationen, vor allem Amerikaner, Briten und Kanadier, an fünf Stränden der Normandie und bauen sie erfolgreich zu Brückenköpfen aus. Allerdings lassen dabei viele ihr Leben, und auch die Materialverluste sind hoch: Die Landungstruppen müssen mit schwerer Ausrüstung unter dem mörderischen Maschinengewehrfeuer der deutschen Abwehr ungeschützt robbend und laufend Hunderte von Metern Sandbänke überwinden, um den Schutz der Steilhänge zu erreichen. An diesem ersten Tag der Invasion werden aufseiten der Alliierten etwa 10 000 Tote und Verwundete gezählt, bis zu 8000 aufseiten der Deutschen.

Ein knappes Jahr haben die Vorbereitungen für diesen Tag gedauert. Ende Juni 1943 einigten sich alliierte Generäle darauf, für eine Invasion des Kontinents und den Aufbau einer Frontlinie in Westeuropa die Normandie zu wählen. Sie entschieden sich damit gegen die naheliegende Alternative: die Straße von Calais, die schmalste Stelle des Ärmelkanals.

General de Gaulle, während des Krieges Chef der französischen Exilregierung, zieht am 25. August 1944 in Paris ein.

dass ein angelsächsischer Invasionsversuch bevorsteht. Ohnehin geht Hitler – trotz Stalingrad und den Auflösungserscheinungen an der Ostfront – davon aus, dass die »Entscheidungsschlacht« dieses Krieges im Westen stattfinden wird, in Frankreich. Das Einfallstor zu seiner »Festung Europa« sieht er an der Küste von Calais. Hier lässt er das Abwehrbollwerk des Atlantikwalls engmaschig mit Bunkern, Maschinengewehrnestern und Stacheldrahtverhauen ausbauen, hier konzentriert er die deutschen Divisionen.

Die alliierten Truppen treffen daher in der Normandie nur auf relativ schwache deutsche Heeresverbände; die Lufthoheit besitzen sie ohnehin. Dennoch gelingt ihnen der Vormarsch von den schnell befestigten Brückenköpfen an den Stränden zwischen Le Havre und Cherbourg nicht so zügig wie geplant. Deutsche Einheiten verteidigen zäh einzelne Ortschaften und strategische Punkte. Die Hafen-

Genau hier, bei Calais, erwarten auch Hitler und seine Generäle den Angriff der Alliierten. Seit Langem sind sie darauf eingestellt (und werden bestärkt durch Geheimdienstberichte),

Das besetzte Frankreich

Am 22. Juni 1940 unterliegen die französischen Truppen der deutschen Wehrmacht. Nach dem Waffenstillstand wird das Land geteilt. Der Norden wird unter deutsche Militärverwaltung gestellt. Die extrem hoch angesetzten Kosten für die Besatzung – 20 Millionen Reichsmark täglich – müssen die Franzosen selbst tragen. Der unbesetzte Süden, das Vichy-Regime, kooperiert – auch hinsichtlich der Judenverfolgung. Es werden antijüdische Gesetze verabschiedet, Enteignungen und Deportationen angeordnet. 76 000 aus Frankreich deportierte Juden werden ermordet. Mit zunehmenden Repressionen steigt auch die Zahl der Widerstandsaktionen der Résistance. Bis zum September 1944 lassen dabei zwischen 20 000 und 30 000 Résistanceangehörige ihr Leben.

stadt Cherbourg fällt am 26. Juni; die Stadt Caen, die planmäßig schon am D-Day erobert werden sollte, fällt erst über einen Monat später und wird dabei fast vollkommen zerstört. Doch schon Ende Juni sind mehr als eine Million alliierter Soldaten in Frankreich gelandet. Und als die Invasionstruppen unter dem amerikanischen General George Patton am 31. Juli die deutsche Frontlinie bei Avranches durchbrechen, geht es nicht länger um den Brückenkopf Normandie, sondern um Frankreich und um die Entscheidung in einem Krieg, der für das nationalsozialistische Deutschland längst verloren ist. Der Vormarsch der Alliierten, die vom französischen Widerstand, der Résistance, unterstützt werden, ist von nun an nicht mehr aufzuhalten. Am 25. August 1944 marschieren sie in das befreite Paris ein. Eine provisorische Regierung unter General de Gaulle wird errichtet.

Dem jüdischen Mädchen Anne Frank in ihrem Versteck in Amsterdam hatte die Landung in der Normandie Hoffnung und Zuversicht gegeben, bald befreit zu sein. »Freunde sind auf dem Weg zu uns«, schreibt sie in ihr Tagebuch. Doch am 4. August 1944 wird sie mit ihrer Familie von den deutschen Besatzern aufgespürt und ins Lager Westerbork, später ins KZ Auschwitz-Birkenau und schließlich nach Bergen-Belsen deportiert. Für sie und viele andere Opfer des NS-Regimes kommt der Vormarsch der Alliierten nach der Landung in der Normandie zu spät.

Aufstand des Gewissens

Nicht alle Deutschen waren damals überzeugte Nationalsozialisten oder Mitläufer des Regimes. Nicht mehr alle waren 1944 bereit, Hitler auf dem absehbaren Weg in die Katastrophe Gefolgschaft zu leisten. Der 20. Juli 1944 steht dafür als Symbol.

Es ist der Tag, an dem Oberst Claus Schenk Graf von Stauffenberg versucht, Hitler in der »Wolfsschanze«, seinem militärischen Hauptquartier in Ostpreußen, mit einer Sprengstoffladung zu töten. Zufälle machen den Anschlag zunichte: Statt im Führerbunker findet die Lagebesprechung in einer Holzbaracke statt, in der die Wirkung der Explosion verpufft. Ein schwerer Tisch mindert die Wucht der Detonation zusätzlich, sodass Hitler –

Der Besprechungsraum in der Baracke auf der Wolfsschanze nach der Detonation von Stauffenbergs Bombe.

DEM DEUTSCHEN WIDERSTAND ZUM JAHRESTAG DES 20. JULI · 1944/1964

Anlässlich des 20. Jahrestages von Stauffenbergs Attentat gegen Hitler brachte die Deutsche Bundespost eine Serie von Sonderbriefmarken zum Andenken an ausgewählte Widerstandskämpfer heraus. Stauffenberg selbst ist in der unteren Reihe ganz rechts abgebildet.

nur leicht verletzt – überlebt. Die »Operation Walküre«, der anschließende Staatsstreich, für den die Widerstandsgruppe zunächst die strategischen Schlüsselpositionen besetzen will, läuft zwar noch an, bleibt aber wirkungslos. Noch in derselben Nacht wird Stauffenberg zusammen mit drei anderen Offizieren im Berliner Bendlerblock, dem damaligen Sitz des Oberkommandos des Heeres, erschossen. Etwa 200 weitere Personen, die Widerstandsgruppen angehören oder mit ihnen in Verbindung stehen, werden in Schauprozessen vor dem berüchtigten Volksgerichtshof zum Tode verurteilt und hingerichtet. Zu ihnen gehören neben Offizieren unter vielen anderen der ehemalige Leipziger Oberbürgermeister Carl Friedrich Goerdeler und die Sozialdemokraten Julius Leber und Wilhelm Leuschner.

Stauffenberg war ein Jahr zuvor zu einem Kreis von Wehrmachtsoffizieren gestoßen, die auf kritische Distanz zu Hitlers Kriegspolitik gegangen waren – nicht als überzeugte Demokraten, die sie nicht waren, sondern als Gegner der größenwahnsinnigen Expansionspolitik von Hitlers Regime, die Deutschland nur in den Untergang führen konnte. Wie andere Offiziere aus seinen Kreisen hatte Stauffenberg das NS-Regime anfangs befürwortet. Der Angriff auf die Sowjetunion und die Verbrechen in den besetzten Gebieten wurden zu Schlüsselerlebnissen für seinen Weg in den Widerstand.

Die Tat des 20. Juli 1944 kommt spät. Im Sommer 1944 kann es angesichts der Kriegslage und den inzwischen bekannt gewordenen Verbrechen der Nationalsozialisten nur noch darum gehen, ein moralisches und patriotisches Zeichen zu setzen.

Es ist der symbolische Stellenwert des Attentats – die Tatsache, dass es Zeugnis von einem »anderen Deutschland« gibt –, an den die junge Bundesrepublik Deutschland anknüpft. Sie begeht den 20. Juli als Gedenktag und lässt ab 1963 alle öffentlichen Gebäude zu diesem Anlass beflaggen. Dass dieses Gedenken auch einige Jahre nach dem Krieg durchaus umstritten ist, darf nicht verschwiegen werden. Noch immer gibt es Stimmen, die Verrat und »Dolchstoß« sehen wollen, wo Stauffenberg und seine Mitstreiter Teil hatten an einem Aufstand des Gewissens gegen das Unrechtsregime und dafür ihr Leben einsetzten.

Geht der 20. Juli 1944 in die politische Grundsteinlegung der Bundesrepublik ein, so werden andere Formen des Widerstands gegen das NS-Regime lange Zeit – manche bis heute – weitgehend ausgeblendet. So zum Beispiel das gescheiterte Attentat auf Hitler am 8. November 1939, das ein mutiger Einzelner, Georg Elser, verübte. Dies gilt auch für die Widerstandsbewegungen mit sozialdemokratischem, kommunistischem, gewerkschaftlichem und christlichem oder jüdischem Hintergrund in Deutschland und den besetzten Gebieten; seit 1933 mussten viele ihre Haltung mit dem Leben bezahlen. Unbedingt erwähnt werden muss auch der Widerstand der Gefangenen in den Lagern: Der Aufstand im Warschauer Ghetto gegen die Deportation in Vernichtungslager, die bewaffnete Erhebung im August 1943 in Białystok, die Revolte im Vernichtungslager Treblinka oder der Aufstand der Arbeitshäftlinge mit der anschließenden Massenflucht in Sobibór im Oktober 1943.

Die Teilung Deutschlands nach dem Krieg führte auch zu einer geteilten Erinnerung an den Widerstand. Während die Erinnerungskultur der Bundesrepublik das Attentat vom 20. Juli 1944, die Tat einer vorwiegend konservativ-militärischen Elite, ins Zentrum rückt, knüpft die DDR an den politischen und sozialen Widerstand der Arbeiterbewegung an.

Das Ende der Todesfabrik Majdanek

Die Soldaten der Roten Armee erreichen auf ihrem Vormarsch nach Westen am 23. Juli 1944 das Konzentrations- und Vernichtungslager Majdanek bei Lublin im südöstlichen Polen. Es ist das erste der nationalsozialistischen Todeslager, das befreit wird. Erst sechs Monate später folgen die großen Lager Auschwitz, Birkenau und Monowitz im südwestlichen Polen, nahe Krakau.

Die wenigen Überlebenden des Todeslagers erleben diesen Tag als Wiedergeburt. Sie berichten später von der verzweifelten Hoffnung auf ein schnelleres Vorrücken der sowjetischen Streitkräfte Richtung Westen, von den letzten Tagen der Gefangenschaft, als der dumpfe Geschützdonner der nahen Front die mögliche

Rettung ankündigt, aber auch von der Angst, dass die abziehenden SS-Lagermannschaften niemanden lebend zurücklassen werden.

Einen Tag vor der Ankunft der Roten Armee hat die SS das Lager Majdanek verlassen. Die meisten Häftlinge sind schon zuvor nach Auschwitz deportiert oder auf Todesmärsche geschickt worden. Um alle Spuren der Verbrechen, die in Majdanek verübt wurden, zu beseitigen, zünden die abziehenden SS-Mannschaften beim Abmarsch das Lager an und vernichten alle Akten.

Die überlebenden Häftlinge, die die Soldaten der Roten Armee in dem halb zerstörten Lager antreffen, sind in elender körperlicher Verfassung, gezeichnet von Hunger, Krankheit und Sklavenarbeit; viele von ihnen sterben noch in den kommenden Wochen an Krankheiten und Entkräftung. Die Soldaten finden verkohlte Leichen in den Verbrennungsöfen der Krematorien, Massengräber, Aschehalden, Dosen mit Zyklon B und Gaskammern. Es sind die furchtbaren Zeugnisse der Vernichtungsmaschinerie: Seit 1942 war das KZ Majdanek ein Ort des systematischen Massenmordes.

Die SS errichtete die meisten Vernichtungslager zur Ermordung der europäischen Juden in den eroberten Gebieten im Osten: neben Majdanek und Auschwitz-Birkenau auch Treblinka, Bełzec, Sobibór und Chełmno. In Osteuropa gab es die bei Weitem größten jüdischen Bevölkerungsgruppen – allein in Polen waren es etwa 3,5 Millionen, von denen 90 Prozent den Tod fanden.

Blick in den Abgrund: Der Zugang zu den Gaskammern im nationalsozialistischen Vernichtungslager Majdanek

Prozesse zu Majdanek

Im Laufe der Jahre können die Namen von 1300 Menschen ausgemacht werden, die den Lagermannschaften im Todeslager Majdanek angehört hatten. Die Beweislage ist schwierig, da viele Dokumente von den Tätern vernichtet wurden und zum Teil in Ostarchiven unter Verschluss liegen. So verjähren manche Taten ungesühnt. Im November 1975 wird in der BRD ein Prozess vor dem Landgericht Düsseldorf angestrengt. 16 Angeklagte stehen etwa 350 Zeugen gegenüber. Die Anklage lautet auf gemeinschaftlichen Mord und Beihilfe in

Im KZ Majdanek sterben nicht nur Zehntausende Juden durch Erschießen, Vergasung, Arbeit, Krankheit und Unterernährung, sondern auch viele sowjetische und polnische Kriegsgefangene. Das Morden gipfelt am 3. und 4. November 1943 in einer Aktion, die zynisch »Erntefest« genannt wird. Allein in Majdanek werden in einer Nacht etwa 18 000 Menschen, vorwiegend Juden, erschossen.

Die Vernichtungsmaschinerie des Lagersystems wird von der SS auch im letzten Kriegsjahr, trotz Auflösungserscheinungen an allen Fronten, keineswegs gedrosselt. Im Gegenteil: je näher die Niederlage rückt, desto stärker und umfassender wird der Vernichtungswille gegenüber den Juden. Noch im Mai und Juni 1944 wird über die Hälfte der jüdischen Bevölkerung

In diesem Gebäude waren die Gaskammern und Verbrennungsöfen von Majdanek untergebracht.

Ungarns in Auschwitz getötet – etwa 440 000 Menschen. Als Majdanek schon befreit ist, erreicht das Morden in den Gaskammern von Auschwitz und Birkenau seinen Höhepunkt. Es endet erst am 27. Januar 1945 mit dem Eintreffen der Roten Armee.

bis zu 17 000 Fällen. Die Beschuldigten geben vor, sich an nichts erinnern zu können oder nur auf Befehl gehandelt zu haben. Richter und Staatsanwälte müssen nach Drohungen unter Polizeischutz arbeiten. Um die Verteidiger gibt es mehrfach Skandale; ein Teil gehört Neonazikreisen an. Eine Hauptangeklagte ist Hermine Ryan. Im Lager war sie als »Stute von Majdanek« bekannt, da sie Häftlinge mit der Peitsche traktierte und trat, bis sie starben. Sie gibt zu Protokoll, die Lageratmosphäre habe sie als Frau sehr belastet. Sie wird als einzige zu einer lebenslangen Haftstrafe verurteilt, 1996 allerdings begnadigt. Sieben weitere Angeklagte bekommen zwischen drei und zwölf Jahre, fünf werden freigesprochen. Zwei werden während des Prozesses verhandlungsunfähig, einer stirbt. Die Öffentlichkeit, vor allem im Ausland, reagiert angesichts der milden Strafen mit Bestürzung. Dennoch waren Prozesse wie dieser – besonders gilt das für die Auschwitzprozesse ab 1963 – wichtige Schritte in der Erinnerung an die NS-Zeit: Das Schweigen war gebrochen, die Schrecken der Konzentrationslager konnten nicht länger verdrängt werden, ebenso wenig die Frage nach der eigenen schuldhaften Verstrickung der Deutschen.

Protokoll der Teilung

Während Hitler und Goebbels noch den deutschen »Endsieg« beschwören, sind ihre alliierten Gegner längst damit beschäftigt, über die Zukunft Deutschlands und Europas nach dem Krieg zu verhandeln. Eines steht fest: Die Alliierten werden den Krieg so lange weiter führen, bis das Deutsche Reich bedingungslos kapituliert. Einen Verhandlungsfrieden wird es nach den Überfällen der Achsenmächte auf ganz Europa und angesichts der Verbrechen von SS und Wehrmacht in den besetzten Gebieten nicht mehr geben können.

Was aber soll danach aus Deutschland werden? Im Sommer 1944 scheint der Tag X absehbar, und so treffen sich im September die Verhandlungsdelegationen Großbritanniens, der USA und der Sowjetunion im Lancaster House in London, um über die Nachkriegsordnung des besiegten Deutschland zu entscheiden. Was sie dort nach harten Verhandlungen beschließen und im sogenannten Londoner Protokoll vom 12. September 1944 verbindlich festhalten, ist von historischer Bedeutung: Es ist das erste Abkommen zwischen den alliierten Mächten, das die Einrichtung von Besatzungszonen in Deutschland und deren genaue Grenzverläufe festlegt.

Das zukünftige Deutschland soll auf die Grenzen von 1937 zurückgestutzt werden. Deutschland wird also alle im Krieg besetzten Gebiete verlieren, ebenso die »Anschlussgebiete« Österreich und Sudetenland. Innerhalb dieses neuen Territoriums sollen drei selbstständig verwaltete Besatzungszonen geschaffen werden, deren Grenzen nicht willkürlich gezogen sind, sondern sich an älteren Verwaltungsgrenzen orientieren. Die Sowjetunion erhält als Besatzungsmacht die Ostzone; das sind alle Gebiete östlich der tatsächlichen späteren Demarkationslinie zwischen Osten und Westen, an der entlang der Eiserne Vorhang zwischen der DDR und der Bundesrepublik Deutschland verlaufen wird.

Auch die Regelungen für die Hauptstadt Berlin nehmen im September 1944 bereits den politischen Sonderstatus vorweg, den die Stadt bis zum Fall der Mauer haben wird: Berlin, die Insel innerhalb der Ostzone, erhält ein eigenes Besatzungsstatut. Das Londoner Protokoll spricht von drei Berliner Besatzungszonen unter der gemeinsamen Verwaltung einer interalliierten

Stalin scheint auf diesem Plakat von 1944 nach Westen zu greifen. Doch auch die anderen Alliierten formulierten ihre Ansprüche.

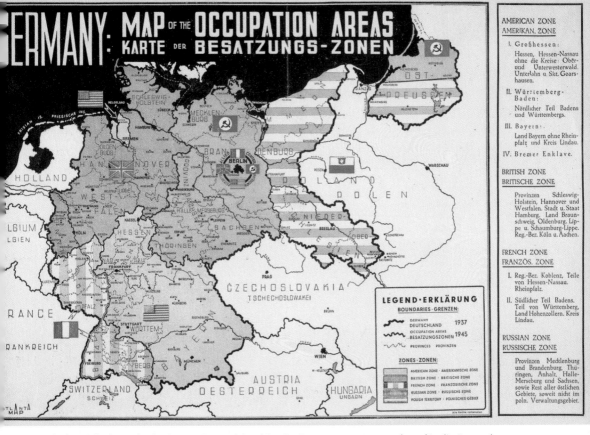

Nach der Aufteilung des besiegten Deutschland in vier Besatzungszonen galt es für die Deutschen, einen neue Geografie zu lernen. In dieser Karte von 1945 sind die Zonen farbig eingezeichnet. Die Legende am rechten Rand listet die Bezirke auf, die zu den einzelnen Zonen gehörten.

Behörde. Auch hier entspricht die Zuteilung von acht Bezirken zum Ostberliner Sektor unter sowjetischem Kommando bereits der späteren Grenzziehung.

Während also die Ansprüche der Besatzungsmacht Sowjetunion im Londoner Protokoll bereits fest geregelt sind, verzichten Großbritannien und die USA vorerst auf eine schriftlich fixierte Zuordnung »ihrer« Zonen – die betreffenden Stellen des Vertrages werden freigelassen. In den folgenden Monaten werden sich gravierende Änderungen ergeben: Bis zur Konferenz der alliierten Staatschefs in Jalta im Februar 1945 einigen sich die

Großmächte darauf, in Westdeutschland und Westberlin zusätzlich eine französische Besatzungszone einzurichten. Aus drei Besatzungsmächten werden vier.

Im Londoner Protokoll von 1944 kündigen sich bereits die Konflikte und gegenläufigen Machtinteressen zwischen Ost und West an. Mit der grundlegenden Entscheidung der späteren Siegermächte, Deutschland nach dem Krieg nicht gemeinsam zu verwalten, sondern in Zonen aufzugliedern, wird ein Weg vorgegeben, der zur jahrzehntelangen deutschen Teilung im Zeichen des Kalten Krieges führt.

Ein wahrhaft gespenstisches Bild vom letzten Aufbäumen des untergehenden Nazireichs: Eine der letzten Aufnahmen von Hitler zeigt ihn, wie er an seinem 56. Geburtstag Mitglieder der Berliner Hitlerjugend für ihren Einsatz im Volkssturm auszeichnet.

Das letzte Aufgebot

Schon nach der verheerenden Niederlage von Stalingrad Anfang des Jahres 1943 hatte Propagandaminister Goebbels im Berliner Sportpalast den »Totalen Krieg« ausgerufen. Im Sommer 1944 stellt sich die Lage für das nationalsozialistische Deutschland ungleich dramatischer dar: Mit der Landung in der Normandie dringen die alliierten Truppen seit Juni rasch vom Westen her vor, im Osten wird die Heeresgruppe Mitte zerschlagen, die Wehrmacht erleidet riesige Verluste. Zugleich haben die Bombenangriffe auf Deutschland ihren Höhepunkt erreicht.

Nach dem missglückten Attentat auf Hitler am 20. Juli 1944 schaltet das Regime endgültig auf die Mobilisierung aller verfügbaren Kräfte und Mittel im Inland wie an der Front um. Goebbels wird zum Bevollmächtigten für den »totalen Kriegseinsatz« ernannt. Die Front hat unstillbaren Hunger nach Menschen und Material, und Goebbels tut alles, um diesen Hunger zu befriedigen. Schon seit 1943 werden noch mehr »Fremdarbeiter« und Zwangsarbeiter eingesetzt als zuvor. Betriebe, die nicht kriegswichtig sind, werden nun zugunsten der Rüstungsindustrie geschlossen, die Arbeitszeit wird drastisch auf 60 Stunden erhöht. Frauen ersetzen in den Betriebsstätten die Männer, die jetzt an die Front eingezogen werden. Eine Million zusätzliche Soldaten, so schreibt Goebbels in seinem Tagebuch, habe er Hitler versprochen, um den »Endsieg« herbeizuführen.

Als die Truppen der Alliierten dicht an die deutschen Reichsgrenzen heranrücken, genügt auch das nicht mehr. Um den »Heimatboden« militärisch zu verteidigen, wird mit einem Erlass Hitlers vom 25. September 1944 der sogenannte »Volkssturm« gebildet. Der Name nimmt den Schlusssatz von Goebbels' Sportpalastrede auf: »Nun Volk steh auf und Sturm brich los!«

Es ist tatsächlich das letzte Aufgebot des nationalsozialistischen Regimes: Alle waffenfähigen Männer zwischen 16 und 60 Jahren, die bisher nicht kämpften oder als Luftwaffenhelfer Dienst taten, sollen zum Volkssturm eingezogen und meist wohnortnah eingesetzt werden. Der Plan sieht vor, dass sich bis zu sechs Millionen Männer als fanatische Kämpfer für ihren Führer den alliierten Truppen entgegenstemmen und den Untergang noch abwenden.

Es sind schließlich Hunderttausende unzureichend bewaffneter und kaum ausgebildeter Hitlerjungen und ältere, oft kranke Männer, die ins Feuer geschickt werden. Sie können von Glück sagen, wenn sie nur zu Bau- und Schanzarbeiten oder für Wachaufgaben an ihren Heimatorten eingesetzt werden. Viele, die an Kampfhandlungen beteiligt sind, ergeben sich; einige sind allerdings genügend ideologisch verblendet, um bis zum letzten Atemzug zu kämpfen. Einen erkennbaren militärischen Nutzen bringt der Volkssturm nicht. Auch von der geplanten Rekrutenzahl ist man bis zum Kriegsende weit entfernt.

Ein jugendlicher Flakhelfer neben einer Flugabwehrkanone – eine Rolle, die unserem Jahrgang zum Glück erspart blieb.

Glücklicherweise, denn mit etwa 175 000 vermissten, wahrscheinlich getöteten Jugendlichen und Männern ist die Opferbilanz des Volkssturms erschreckend genug.

Wiederwahl eines Mutmachers

Er kämpfte erfolgreich an vielen Fronten. Zunächst mit seiner Politik des »New Deal« gegen die Folgen der Weltwirtschaftskrise von 1929. Dann gegen die Neigung seines eigenen Volkes, sich aus dem europäischen Kriegsgeschehen herauszuhalten. Schließlich für eine internationale Friedensordnung, die es unmöglich machen sollte, dass skrupellose

Machtpolitik die Welt erneut in einen Weltkrieg führt. Am 7. November 1944 wird Franklin Delano Roosevelt, der 32. Präsident der USA, zum vierten Mal in Folge in dieses Amt gewählt.

Franklin D. Roosevelt, geboren 1882 in Hyde Park, New York, hatte sich als demokratischer Kandidat bei den Wahlen 1932 gegen den republikanischen Präsidenten Hoover souverän durchgesetzt. Nach dem »Schwarzen Freitag« von 1929 und der folgenden »Großen Depression« der Weltwirtschaft verspricht er dem amerikanischen Volk einen »New Deal«, mit dem die Massenarbeitslosigkeit bekämpft und die Wirtschaft wieder angekurbelt werden soll. Unter seiner Präsidentschaft wird er umgesetzt, mit großen staatlichen Investitionsprogrammen und einem ganzen Bündel von wirtschafts- und sozialpolitischen Maßnahmen. Die Wähler danken es ihm nach vier Jahren 1936 mit einer triumphalen Bestätigung im Amt.

Nach weiteren vier Jahren wäre es an der Zeit gewesen, einem anderen Politiker das Feld zu überlassen. Denn seit George Washington, dem ersten Präsidenten der USA, gab es die freiwillige Selbstbeschränkung der Amtsinhaber auf zwei Wahlperioden von je vier Jahren. Ein periodischer Wechsel sollte diktatorische Tendenzen verhindern und damit die Demokratie stärken. Doch Roosevelt und seine demokratische Partei setzen sich über diese Regel hinweg. Im Jahre 1940 liefert die kritische außenpolitische Lage die Begründung für eine erneute Kandidatur, die dritte. Sie wird im Land kontrovers diskutiert, führt aber zu seiner Wiederwahl.

In den Auseinandersetzungen des Wahljahrs geht es auch um die Rolle, die die USA im aktuellen Weltgeschehen einnehmen sollen. Gegen Roosevelts Politik der globalen Verantwortung gibt es eine breite Strömung im amerikanischen Volk und im Kon-

Vier Freiheiten

Franklin D. Roosevelts politisches Erbe lebt weiter in der Gründung der Vereinten Nationen im Juni 1945, die er mit seiner langjährigen Arbeit an einer friedlichen und gerechten Nachkriegsordnung vorangetrieben hat. Schon als er um die Zustimmung des amerikanischen Volkes für eine Anti-Hitler-Koalition wirbt, beschwört Roosevelt in Reden seine Vision einer Weltgesellschaft, die auf dem Völkerrecht und auf den Menschenrechten gründet. 1941, während Krieg und Vernichtung große Teile der Welt beherrschen, macht er in seiner Rede von den »Vier Freiheiten« Mut für die Zukunft. Er tritt ein für ein globales Staatenbündnis, das allen Menschen ein Leben in Freiheit von Not und von Furcht ermöglichen soll, inklusive des Rechts auf freie Meinungsäußerung und Religionsausübung – »überall auf der Welt«.

Franklin D. Roosevelt (Mitte) zwischen seinen Verbündeten Josef Stalin und Winston Churchill auf der Konferenz von Teheran Ende November 1943. Die Verbündeten berieten die militärische Strategie für das Jahr 1944 und legten erste Eckpunkte der europäischen Nachkriegsordnung fest.

gress, die das Land aus allen auswärtigen Konflikten heraushalten will. »Amerika zuerst«, ist ihr Motto, das heißt: strikte Neutralität der USA, auch nach der Eroberung des europäischen Kontinents durch Hitler. Dagegen macht Roosevelt unmissverständlich klar, auf welcher Seite er in diesem Krieg steht, und nutzt alle zu Gebote stehenden Möglichkeiten, um England und die Sowjetunion mit Waffen und Waren zu unterstützen.

Der überraschende japanische Angriff auf Pearl Harbor am 7. Dezember 1941 beendet die innenpolitische Debatte. Die Vereinigten Staaten sind im Krieg. Nach der deutschen Kriegserklärung vom 11. Dezember 1941 intervenieren sie als eine der drei großen alliierten Mächte auf dem pazifischen

wie auf dem europäischen Schauplatz. Als dann im November 1944 die amerikanischen Präsidentschaftswahlen stattfinden, stehen die Vereinigten Staaten kurz vor dem Sieg über die Achsenmächte. Roosevelt kandidiert als erfolgreicher und populärer Kriegspräsident und wird zum vierten Mal bestätigt. Das Ende des Zweiten Weltkriegs erlebt er allerdings nicht mehr. Bereits fünf Monate nach seiner Wahl stirbt Roosevelt.

Franklin D. Roosevelt ist der einzige Präsident der Vereinigten Staaten, der mehr als zwei Wahlperioden amtiert: Zwei Jahre nach seinem Tod bringt der amerikanische Kongress einen Verfassungszusatz auf den Weg, der die Amtszeit des Präsidenten strikt begrenzt.

Krieg, Film, Fußball – zwischen Unterhaltung und Propaganda

Auch Kultur und Sport stehen 1944 ganz im Zeichen des Krieges und werden oft genug zu Propagandazwecken benutzt. Trotzdem ist der Zuspruch enorm: Die Menschen suchen Ablenkung vom alltäglichen Elend zwischen Verlustmeldungen und Bombennächten. Sämtliche Theater- und Opernhäuser werden im September 1944 aus kriegswirtschaftlichen Gründen geschlossen. Doch die Kinosäle bleiben geöffnet – niemals zuvor strömten in Deutschland so viele Menschen in die Kinos wie in den Kriegsjahren.

Pfeiffer mit drei F

Wer kennt ihn nicht, den Pfeiffer mit den drei F … *Die Feuerzangenbowle* mit Heinz Rühmann in der Rolle des falschen Primaners Dr. Johannes Pfeiffer ist auch heute noch ein Kultfilm, häufig in den Fernsehprogrammen ausge-

Der Schauspieler Heinz Rühmann (1902–1994) gab dem deutschen Kinopublikum ein beruhigendes Gefühl der Kontinuität: Von seinen ersten Filmrollen in den 20er-Jahren an begleitete er es durch die gesamte Zeit des Nationalsozialismus bis weit in die Nachkriegszeit.

strahlt und überaus populär, so hört man, bei Studenten, die sich auf vorweihnachtlichen Partys über verzopfte Pauker und schlitzohrige Pennäler aus einer anderen Zeit amüsieren.

Amüsieren soll sich auch das Publikum in den deutschen Kinosälen der NS-Zeit: am 28. Januar 1944 wird der Film uraufgeführt. Während sich die militärische Situation im Osten dramatisch zuspitzt und der Bombenkrieg immer mehr deutsche Städte und Ortschaften in Schutt und Asche legt, dienen Komödien und Unterhaltungsfilme wie *Die Feuerzangenbowle* dazu, die Stimmung an der »Heimatfront« aufzuhellen und von der drohenden Katastrophe abzulenken. Wie Goebbels, der Reichsminister für Propaganda, 1942 in sein Tagebuch schreibt: »Auch die Unterhaltung ist heute staatspolitisch wichtig, wenn nicht sogar kriegsentscheidend.«

Neben berüchtigten antisemitischen Hetzfilmen wie *Jud Süß* und *Der ewige Jude* oder Kriegs- und Durchhaltefilmen wie *Der große König* und *Kolberg* werden während der Kriegsjahre Unterhaltungsfilme in großer Zahl produziert. Doch auch von Filmen wie *Wunschkonzert, Romanze in Moll, Altes Herz wird wieder jung* oder eben *Die Feuerzangenbowle* dienen viele unter ihrer scheinbar unpolitischen Oberfläche dem Regime. Eine heile Welt und ein glückliches Ende, Idylle und »Normalität«, all das, was durch die Naziherrschaft zerstört wurde, das suchen die zahlreichen Kinobesucher in den meisten dieser Produktionen.

Der Schriftsteller Heinrich Spoerl (1887–1955) verfasste auf der Basis seines Romans selbst das Drehbuch für den Film.

Der Spielfilm *Die Feuerzangenbowle* nach dem Roman von Heinrich Spoerl erzählt eine Schnurre aus der guten alten Zeit: Der erfolgreiche Schriftsteller Johannes Pfeiffer hat nach Ansicht seiner Freunde etwas Entscheidendes verpasst, denn er wurde von einem Privatlehrer erzogen und ging nicht auf die »Penne«. Kurzerhand schleust man ihn in ein kleinstädtisches Gymnasium ein, wo er sich als Pennäler ausgibt und der verschroben-kauzigen Lehrerschaft ausgelassene Schülerstreiche spielt. So holt er seine Jugend nach und kehrt am Ende auch noch mit der Frau fürs Leben heim.

Darüber amüsierte sich allerdings nicht jeder im Nazi-Führungszirkel.

NS-Bildungsminister Rust ist empört über die Verspottung der Lehrerschaft und sieht ihre öffentliche Reputation und ihre Autorität in Gefahr. Als der Film keine Freigabe bekommt, macht sich Heinz Rühmann, der sich nach 1933 mit dem Nationalsozialismus arrangiert hat und zu einem der populärsten Filmstars des Reichs aufgestiegen ist, ins Zentrum der Macht auf, um seinen Film vorzustellen. Erfolgreich – Hitler selbst erteilt die Freigabe für *Die Feuerzangenbowle*.

Dem Film antiautoritäre Tendenzen zu unterstellen, wäre tatsächlich zu viel der Ehre. Mag der falsche Pennäler Pfeiffer auch ein wenig an der Autorität des Lehrkörpers kratzen, es sind

Gute PR: Neun Tage nach dem Treffen von Roosevelt und Churchill in Casablanca kam der Film in die Kinos.

doch Lehrer einer vergangenen Zeit, die er verspottet, schrullige Käuze einer humanistischen Bildungsanstalt, die dem militärischen Erziehungsideal der Nazis so ganz und gar nicht entspricht – Käuze wie Professor Bömmel mit seinem »Da stelle mer uns mal janz dumm …«

Als der Film im Januar 1944 anläuft, wird er als scheinbar unbeschwerte Komödie zum Kassenschlager. Die Unterhaltungsoffensive erreicht also ihr Etappenziel. Im späteren Rückblick wird Heinz Rühmann seine Rolle in diesem Spiel ganz richtig einschätzen. Zur Frage, warum er nicht wie viele andere Schauspieler zur Wehrmacht eingezogen wurde, schreibt er: »Ich war u. k. gestellt, weil das Publikum noch was zum Lachen haben sollte, weil es ja sonst nichts zum Lachen gab.« U. k. heißt »unabkömmlich«.

As Time Goes By – drei Oscars für *Casablanca*

»And the winner is …« Auch nach dem Kriegseintritt der USA feiert Hollywood jedes Jahr die besten Filmproduktionen mit der Verleihung der Oscars. Dem Ernst des Kriegszustands wird allerdings Tribut gezollt: Stars und Sternchen verzichten auf Glamour. Statt zu einem mondänen Bankett lädt die amerikanische Filmakademie jetzt zu einer recht einfachen Saalveranstaltung. Die Oscarfigur, zuvor ein Schwergewicht aus Nickel und Kupfer und fast vier Kilogramm

Kein Film wird so oft zitiert wie Casablanca. Bei manchen geflügelten Worten aber trügt die Erinnerung: »Play it again, Sam!« etwa stammt aus der Parodie Eine Nacht in Casablanca von den Marx Brothers. Im Original sagt Ilsa: »Play it once, Sam!«

schwer, lässt man aus schlichtem Gips modellieren – alle verfügbaren Metallvorräte gehen in die Kriegsproduktion. Und der Krieg ist nicht zuletzt präsent als Thema vieler Filme, die in diesen Jahren ausgezeichnet werden.

Am 2. März 1944 findet die Oscarverleihung in Grauman's Chinese Theatre am Hollywood Boulevard in Los Angeles statt. Als bester Film triumphiert ein Werk, das mitten hineinführt in die Konflikte des Zweiten Weltkriegs und mit den Mitteln Hollywoods für die Alliierten Partei ergreift: Casablanca. Noch zwei weitere Academy Awards gehen an diesen Film, für die beste Regie (Michael Curtiz) und für das beste adaptierte Drehbuch. Nominiert war Casablanca sogar für insgesamt acht Oscars, unter anderem

für die Filmmusik und für den Hauptdarsteller Humphrey Bogart, der allerdings bei der Verleihung leer ausgeht. Die schwedische Schauspielerin Ingrid Bergman ist für ihre Rolle in Casablanca für keine Auszeichnung vorgeschlagen. Sie bekommt ein Jahr später einen Oscar.

Das Melodram Casablanca erzählt eine Liebesgeschichte in Zeiten des Krieges, in denen privatem Glück kein Ort und keine Dauer beschieden ist. Der Film führt nach Casablanca als einer Transitstätte im nordafrikanischen Marokko, das zu diesem Zeitpunkt vom französischen Vichy-Regime verwaltet wird. Hier sammeln sich Menschen aus ganz Europa, die vor den Nazis auf der Flucht sind und auf ein Ausreisevisum warten. Im Film sind

Weimar unter Palmen

Von den ungefähr 2000 Filmschaffenden, die im gleichgeschalteten Kulturbetrieb Deutschlands nach 1933 keine Arbeitsmöglichkeit mehr finden oder vor der politischen oder antisemitischen Verfolgung durch die Nazis fliehen müssen, gehen mehr als 800 nach Hollywood. Allein die Besetzungsliste von *Casablanca* liest sich wie ein »Who's Who« des Filmexils: Curt Bois, Peter Lorre, Paul Henreid, Helmut Danatine, Conrad Veidt, Ludwig Stössel, Ilka Grüning … Nicht alle Exilanten haben Erfolg in der Fremde; für viele gleicht die Zeit nach der Flucht einem jahrelangen Aufenthalt im Wartesaal – Lion Feuchtwanger fasst seine Romane über jene Zeit daher in der *Wartesaal*-Trilogie zusammen. Die Isolation, unter denen die meisten zu leiden haben, wird verstärkt durch Sprachprobleme. Wie in *Casablanca* bekommen Schauspieler mit deutschem Akzent daher oft Rollen, in denen sie Emigranten oder gar Nazis darstellen.

Kalifornien wird in diesen Jahren jedoch nicht nur ein Anlaufpunkt für Filmleute, sondern auch für deutschsprachige Schriftsteller: Größen wie Bertolt Brecht, die Brüder Thomas und Heinrich Mann, Alfred Döblin, Vicki Baum, Lion Feuchtwanger oder Theodor W. Adorno suchen hier Zuflucht vor dem NS-Regime. Pacific Palisades, ein Gebiet im Norden von Los Angeles, in dem sich die meisten von ihnen niederlassen, bekommt bald den Beinamen »Weimar unter Palmen«.

diese Rollen mehrheitlich mit wirklichen Emigranten aus Deutschland und Europa besetzt, darunter Peter Lorre, Curt Bois und viele andere.

Beliebter Treffpunkt der Gestrandeten ist *Rick's Café Américain,* dessen amerikanischer Inhaber, dargestellt von Humphrey Bogart, aus den Flüchtlingen Profit zieht. Als der Zufall auch Ilsa, eine frühere Geliebte Ricks, zusammen mit ihrem Mann Victor László, einem Widerstandskämpfer gegen das Naziregime, in das Lokal führt, entbrennt die Liebe zwischen Ilsa und Rick von Neuem. Doch steht am Ende kein Happy End, sondern der bewusste Verzicht Ricks. Im Konflikt zwischen privater Liebe und politischem Ethos entscheidet er sich, alles für den Widerstand gegen die Nazis und den Sieg über Deutschland zu tun und dafür persönliche Opfer zu bringen. Die Botschaft an das zeitgenössische amerikanische Kinopublikum ist leicht zu entschlüsseln.

Eben diese Botschaft will man offenbar den deutschen Zuschauern nicht zumuten, als *Casablanca* im Jahre 1952 zum ersten Mal in Deutschland gezeigt wird. Im Original 102 Minuten lang, wird der Film um mehr als 20 Minuten gekürzt. Es fehlen alle Szenen, in denen Nazis auftreten. Es fehlt der berühmte, gefühlsstarke »Sängerkrieg« in *Rick's Café* zwischen Nazioffizieren, die *Die Wacht am Rhein* singen, und der von László angestimmten *Marseillaise,* die als Freiheitshymne schließlich von allen Barbesuchern gesungen wird und die

Nazis vertreibt. Schlimmer noch: Victor László ist kein Nazigegner mehr, sondern ein obskurer dänischer Atomphysiker. Durch Schnitte und Synchronisation wird der Film umgedeutet zur unpolitischen Kriminal- und Liebesgeschichte. Erst 1975 erscheint eine neue deutsche Fassung, die dem Film seine ursprüngliche Gestalt und seine politische Stoßrichtung zurückgibt.

Die politische Wirkung des Films mag zeitgebunden sein, die emotionale Wirkung ist bis heute ungebrochen. *Casablanca* ist nach dem Krieg international ein Kultfilm geworden, dessen zentrale Szenen und Dialoge Bestandteil des kollektiven Gedächtnisses wurden. Einige Dialogszenen haben sich leicht abgewandelt, als geflügelte Worte etabliert: »Spiel's noch einmal, Sam!« – »Schau mir in die Augen, Kleines!« – »Ich glaube, dies ist der Beginn einer wunderbaren Freundschaft.« Und immer summt oder singt fast jeder mit, wenn die alte Liebeshymne des coolen Rick und der heißherzigen Ilsa gespielt wird: »A kiss is just a kiss, a sigh is just a sigh./The fundamental things apply/As time goes by.«

Freche Göre mit großer Zukunft

»Leben wir nicht in einem freien Land?«, antwortet die rot bezopfte Göre auf die Frage ihres Freundes Tommy, warum sie rückwärts gehe. Pippi Langstrumpf heißt dieses frei-

Die unvergessene Schöpferin von Pippi Langstrumpf: Astrid Lindgren (1907–2002) auf einem Porträtfoto aus dem Jahr 1948.

heitsliebende, selbstbewusste Mädchen, oder mit vollem Namen: Pippilotta Viktualia Rollgardina Pfefferminz Efraimstochter Langstrumpf. Dass wir sie kennenlernen durften, verdanken wir der großen schwedischen Schriftstellerin Astrid Lindgren.

Sie spinnt die wilden Geschichten von Pippi Långstrump, wie Pippi in ihrer schwedischen Heimat heißt, jahrelang für ihre kleine Tochter Karin aus und schreibt sie nieder, als sie selbst mit verstauchtem Knöchel ans Bett gefesselt ist. Am 21. Mai 1944 schenkt Astrid Lindgren, die bis dahin noch nicht als Autorin hervorgetreten ist, ihrer Tochter das Manuskript dieses einzigartigen Kinderbuches zum zehnten Geburtstag.

Inger Nilsson in ihrer Rolle als Pippi Langstrumpf in einer der vier Lindgren-Verfilmungen von Olle Hellbom aus den Jahren 1969 und 1970. Da die deutsch-schwedischen Koproduktionen häufig im Fernsehen kamen, waren sie für unsere Kinder fast genauso wichtig wie die Bücher.

Dass es auch der Geburtstag eines Weltbestsellers sein wird, der bis heute Millionen Kinder (und Erwachsene) beglückt, deutet sich allerdings zunächst noch nicht an. Vom ersten Verlag, dem Astrid Lindgren 1944 ihr Manuskript schickt, erhält sie prompt eine Absage. Erst ein Jahr später, als sie eine überarbeitete Version von *Pippi Langstrumpf* bei einem Kinderbuchwettbewerb einreicht, überzeugt sie den Verlag Rabén & Sjögren. Dort erscheinen bis heute die insgesamt drei Pippi-Bücher, neben Astrid Lindgrens zahlreichen anderen Werken, bei denen starke Kinder wie Karlsson vom Dach, Michel aus Lönneberga oder Ronja Räubertochter im Mittelpunkt stehen.

Am erfolgreichsten ist jedoch die Karriere der ewig neunjährigen Pippi aus der Villa Kunterbunt verlaufen, die ohne Eltern, selbstbestimmt und unerzogen ihr Leben führt, zusammen mit ihrem Äffchen Herrn Nilsson, ihrem Pferd Kleiner Onkel und ihren Freunden Tommy und Annika. Die lügt, dass sich die Balken biegen, aber ein gutes Herz hat, und die so stark ist, dass sie ein ausgewachsenes Pferd stemmen kann. Was für ein freches, aufmüpfiges Gegenbild zur zeittypisch braven Backfischliteratur! Kleine und große Leserinnen und Leser in aller Welt sind begeistert. In Deutschland erscheint *Pippi Langstrumpf* 1949, bis heute wurden etwa acht Millionen Exemplare verkauft. Geborgenheit und Freiheit, so sagte Astrid Lindgren, habe das Glück ihrer eigenen Kindheit ausgemacht. Mit *Pippi Langstrumpf* schenkte sie uns Lesern – und ebenso unseren Kindern und Enkelkindern – die beglückende Erfahrung, wie sich das anfühlt, wenn Kinder in ihrer eigenen Welt leben und sich dort frei entfalten können. *Pippi Langstrumpf* – wen wundert es – wurde zum erfolgreichsten Kinderbuch der Welt. Insgesamt liegen Ausgaben in über 50 Sprachen vor.

Helmut Schön wird deutscher Fußballmeister

Auch die dramatische Zuspitzung des Krieges ist für den Deutschen Fußballbund kein Anlass, die Meisterschaftssaison 1943/44 abzusagen. Nach dem Willen des NS-Regimes soll im Alltag der Deutschen so viel »Normalität« wie möglich herrschen, und dazu gehört nicht zuletzt der Vereinsfußball. So rollt der Ball selbst dann noch jede Woche, als Millionen deutscher Männer an der Front stehen und der »Totale Krieg« ausgerufen wird – viele Spieler der Erstligaclubs bleiben freigestellt.

Am 18. Juni 1944, knapp zwei Wochen nach der Landung der Alliierten in der Normandie, wird das Endspiel zur Deutschen Fußballmeisterschaft im Olympiastadion in Berlin angepfiffen. Trotz ständig drohender Luftangriffe haben sich an diesem Sonntagnachmittag immerhin 70 000 Zuschauer eingefunden, um das Finale der »Deutschen Fußballkriegsmeisterschaft« zu erleben, wie es auf der großen Anzeigetafel heißt.

Es stehen sich der Titelinhaber des Vorjahres, der Dresdner SC, und ein erst 1942 gegründeter Militärsportverein, der Luftwaffen-Sportverein Hamburg, gegenüber. 90 Minuten lang steht das Publikum in der von Tod und Trümmern gezeichneten Stadt ganz im Bann des großen Sportereignisses: Fußballfieber, Begeisterung, Torjubel. Der Traditionsverein Dresdner SC geht in der 20. Minute in Führung und wird am Ende den Emporkömmling aus dem Militärsport mit 4:0 überrollt haben. Die Statue der geflügelten Siegesgöttin Victoria, die Meisterschaftstrophäe des DFB seit 1903, bleibt also in Dresden.

In den Jahren 1943 und 1944 ist es der Dresdner SC, der die Fußballmeis-

Damals gab es noch Kränze statt Pokale: Helmut Schön neben seinem Dresdner Teamkollegen Richard Hofmann (mit Kranz).

Helmut Schön im weißen Trikot, von dem wahrscheinlich nach 1945 die Hakenkreuze wegretuschiert wurden.

Dresdner steht 1944 auf dem Höhepunkt seiner Karriere als aktiver Fußballer. Bisher hat er 16 Spiele im Dress der deutschen Fußballnationalmannschaft bestritten und 17 Tore erzielt. Im Endspiel um die deutsche Meisterschaft am 18. Juni 1944 markiert er das 3:0 für seinen Verein.

Mit der Meisterschaft 1944 geht für den deutschen Fußball eine Epoche zu Ende. Die Spiele der Saison 1944/45 werden zwar im September noch aufgenommen, doch wird der Ligabetrieb kriegsbedingt bald abgebrochen. Nach Kriegsende wird es drei Jahre dauern, bis das erste Ligaspiel angepfiffen und die erste Nachkriegsmeisterschaft – allerdings keine gesamtdeutsche mehr – ausgetragen wird. Die neuen Fußballmeister müssen auch auf die traditionelle Trophäe der Victoria verzichten – sie geht in den letzten Kriegsmonaten verloren und wird erst 1990 in Berlin wieder auftauchen. Die neue westdeutsche Trophäe wird 1949 angefertigt und kommt ganz ohne kriegerische Symbole aus: die Meisterschale, auch »Salatschüssel« genannt.

terschaften dominiert. In seinen Angriffsreihen ragt eine Spielerpersönlichkeit heraus, die viele Jahre später in der Nachfolge Sepp Herbergers als Trainer die (west-)deutsche Nationalmannschaft zum Triumph der Europa- und der Weltmeisterschaft führen soll: Helmut Schön. Der 28-jährige

Fußball in der NS-Zeit

Mit der politischen Gleichschaltung der deutschen Sportvereine ab 1933 war auch das Ligasystem im Fußball neu eingeteilt worden. Seitdem gab es statt der zahlreichen Bezirksligen zunächst 16 Gauligen, 1943/44 werden es 31 sein. Die Erstplatzierten jeder Gauliga spielten von April bis Juni die Endrunde zur Meisterschaft aus, zunächst in Gruppenspielen, ab dem Halbfinale im K.-o.-System. Der alles beherrschende Verein dieser Jahre ist Schalke 04, der mit den Spielerlegenden Kuzorra und Szepan seine Goldene Ära erlebt: Innerhalb eines Jahrzehnts werden die Schalker sechsmal Deutscher Meister.

Auf der 50-Francs-Banknote porträtierte der französische Staat Antoine de Saint-Exupéry (1900–1944). Ganz oben ist das Flugzeug des Piloten zu sehen, links darunter sieht man den Elefanten in der Schlange (oder den Hut?), von dem der kleine Prinz (ganz unten) spricht.

Der letzte Flug des kleinen Prinzen

Eine Stimme wie aus der Zeit gefallen: Seine Bücher sind poetische Manifeste einer großen Menschenfreundlichkeit, sie sprechen von selbstverständlicher Solidarität, Herzenswärme und Idealismus. Dabei ist der französische Autor Antoine de Saint-Exupéry, der uns den *Kleinen Prinzen* geschenkt hat, selbst Teil der Kriegsmaschinerie des Zweiten Weltkriegs. Als ausgebildeter Pilot wird er bei Kriegsbeginn zur französischen Luftwaffe eingezogen und macht die bedrückende Erfahrung der deutschen Besatzung seiner französischen Heimat.

Nach der Niederlage Frankreichs im Jahre 1940 zieht er sich in die USA zurück. Doch bald kämpft er wieder als Luftwaffenpilot auf alliierter Seite: Ab Mai 1943 übernimmt er Aufklärungsflüge von Algerien aus und später, als die amerikanischen Truppen in Italien vordringen, fliegt er von Sardinien und Korsika.

Bei uns ist Saint-Exupéry vor allem durch sein modernes humanistisches Märchen *Der kleine Prinz* populär geworden, das er selbst illustriert hat. Es erscheint im französischen Original 1943 in New York – das besetzte Frankreich kommt für eine Veröffentlichung nicht in Frage. Eine erste Ausgabe in deutscher Sprache kommt 1950 heraus.

Wie in früheren Werken verarbeitet Saint-Exupéry auch hier seine Erfahrungen als Pilot. Im 1942 erschienenen *Pilote de guerre* (deutsch: *Flug nach*

Arras) etwa hatte er realitätsnah über den Luftkrieg geschrieben. In der zauberhaft-schwebenden Erzählung vom kleinen Prinzen schlägt er einen ganz anderen Weg ein. Auch hier gibt es einen Piloten, der in der Wüste notlanden muss, es ist der Erzähler selbst. Die Begegnung mit einem Jungen, der sich als Prinz von einem anderen Planeten vorstellt, wird für ihn (und für uns Leser) zu einer grundlegenden Erfahrung über menschliche Werte, Verantwortung und Freundschaft.

Der kleine Prinz: Das ist eine Erzählung, die – wie alle guten Kinderbücher – nicht nur Kinder anspricht, sondern Erwachsene gleichermaßen. Wir lassen uns auch im fortgeschrittenen Alter faszinieren von der Einfachheit der Sprache und der Illustrationen dieses Buches. Und mit dem kleinen Prinzen lernen wir, wieder wie Kinder zu sehen und dabei das Geheimnis der Menschen und Dinge zu entdecken. Worauf kommt es im Leben an, und was macht ein »richtiges« Leben aus? Das sind die grundlegenden Fragen, die das Buch stellt und die der kleine Prinz auf poetische Weise beantwortet. So lernen wir: »Man sieht nur mit dem Herzen gut. Das Wesentliche ist für die Augen unsichtbar.«

Mitten in den Schrecken des Krieges ist ein Märchen entstanden, das mit kindlicher Anmut davon erzählt, wie wir besser mit der Welt und uns selbst umgehen können. Es enthält eine Botschaft, die in diesen Jahren – wie die Figur des kleinen Prinzen – von einem anderen Stern zu kommen scheint, weit jenseits einer Welt, die der Mensch zum Schlachthaus gemacht hat.

Dem Autor Antoine de Saint-Exupéry bleibt es verwehrt, den weltweiten Erfolg seiner kleinen Utopie zu erleben. Sein planmäßig letzter Flugeinsatz ist für den 31. Juli 1944 vorgesehen. An diesem Tag startet Saint-Exupéry morgens in Richtung Südfrankreich, kehrt jedoch nicht mehr zurück. Ob er aufgrund eines technischen Versagens ums Leben kam oder von einem deutschen Jagdflieger abgeschossen wurde, bleibt unklar. Es wird fast 60 Jahre dauern, bis Reste seiner Maschine im Meer südlich von Marseille geortet und geborgen werden. Sie werden heute im Musée de l'Air et de l'Espace ausgestellt, dem französischen Luft- und Raumfahrtmuseum in Le Bourget bei Paris.

Friedenspreis in unfriedlicher Zeit

Der Krieg, der im September 1939 mit dem deutschen Überfall auf Polen begann und sich bald zum Weltkrieg ausweiten sollte, machte alle Hoffnungen auf eine friedliche Völkerverständigung auf unabsehbare Zeit zunichte. Die Erfahrung von Krieg und Gewalt war so übermächtig, und ein echter Frieden war in so weite Ferne gerückt, dass das Nobelkomitee seit 1939 darauf verzichtete, den jährlichen Friedensnobelpreis zu vergeben. Wen hätte man in diesen Zeiten auch mit

Erste Hilfe für Sieger und Besiegte im Mai 1945 vor dem Brandenburger Tor in Berlin: Sanitäter mit Rotkreuzbinden versorgen ehemalige Offiziere der Wehrmacht, bevor diese in die sowjetische Kriegsgefangenschaft abtransportiert werden.

einem Preis auszeichnen sollen, der im Sinne des Stifters Alfred Nobel an denjenigen gehen sollte, der »am meisten oder besten für die Verbrüderung der Völker gewirkt hat und für die Abschaffung oder Verminderung der stehenden Heere«? Wäre es nicht ohnehin naiv, angesichts von skrupellosen Eroberungskriegen in Europa und Ostasien einer pazifistischen Idee Ausdruck zu geben? Schließlich war auch Norwegen, dessen Parlament das Nobelkomitee ernannte, von den Deutschen besetzt, die unabhängige Arbeit der Juroren daher nicht gewährleistet.

Nach fünf Jahren, in denen die Friedensbotschaft aus Oslo ausblieb, verständigt sich das Norwegische Nobelkomitee für 1944 wieder auf einen Preisträger, übergibt den Preis jedoch erst ein Jahr später, am 10. Dezember 1945, also nach Ende des Weltkriegs.

Mit dem Internationalen Komitee vom Roten Kreuz wird eine Organisation ausgezeichnet, die in den Kriegsjahren auf den Schlachtfeldern und in den Gefangenenlagern einmal mehr ihre Bedeutung als sozialer Dienst bewiesen hat.

Bereits der erste Friedensnobelpreis im Jahre 1901 war an Henry Dunant gegangen, den Gründer des Roten Kreuzes, um dann 1917 der Organisation selbst verliehen zu werden. Nach 1944 wird das Internationale Komitee vom Roten Kreuz aus Anlass seines hundertjährigen Bestehens noch einmal im Jahre 1963 mit dem Friedensnobelpreis geehrt, diesmal zusammen mit der Liga der Rotkreuz-Gesellschaften, die die Arbeit der nationalen Rotkreuzverbände koordiniert. Keine andere Organisation oder Einzelperson hat so häufig diesen weltweit bedeutendsten Friedenspreis erhalten.

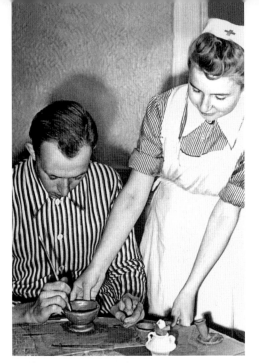

Ein Soldat trainiert im Lazarett mit einer Rotkreuzschwester durch Töpferarbeiten die Feinmotorik seiner verwundeten Hände.

Im Jahre 1944 ist es die unmittelbare Erfahrung der großen humanitären Leistung des Roten Kreuzes im Krieg, die zur Nominierung für den Nobelpreis führt. Neben der Behandlung von Kriegsverletzten und Hilfsmaßnahmen für die hungernde Bevölkerung in besetzten Gebieten widmet sich das Internationale Komitee vom Roten Kreuz – ganz im Sinne seines Gründungsauftrags – vor allem der Überwachung von Kriegsgefangenenlagern. Grundlage ist die Genfer Konvention über die Behandlung von Kriegsgefangenen in der Fassung von 1929, die unter anderem Schutz vor Tötung, Folter und Erniedrigung vorsieht. Jedoch haben nicht alle Staaten diese Konvention unterzeichnet, sodass die Arbeit des Roten Kreuzes massiv behindert wird. Darüber hinaus

kooperieren nicht alle nationalen Rotkreuzverbände mit dem zentralen Komitee in der Schweiz – auch nicht das vom nationalsozialistischen Regime gleichgeschaltete Deutsche Rote Kreuz.

Der Zugang zu den Konzentrations- und Vernichtungslagern der Nationalsozialisten ist dem Internationalen Komitee vom Roten Kreuz verwehrt. Die deutsche Regierung lehnt eine Gleichstellung der KZ-Insassen mit Kriegsgefangenen strikt ab. Dass sich das Rotkreuzkomitee in dieser Frage gegenüber dem nationalsozialistischen Deutschland wenig konfliktbereit zeigt, wird ihm später zum Vorwurf gemacht. Schon das Gutachten des Norwegischen Nobelkomitees spricht kritisch an, dass das Rote Kreuz nicht offiziell bei den Achsenmächten gegen die Zustände in den KZs und gegen die systematische Vernichtung von Menschen protestiert habe, obwohl umfassende Berichte vorlagen. Es sieht allerdings auch nachvollziehbare Gründe für dieses Schweigen: Dahinter steht die Sorge, dass Deutschland als Reaktion alle humanitären Maßnahmen des Internationalen Roten Kreuzes unterbinden könnte. Der Friedensnobelpreis wird trotz dieser Bedenken verliehen, doch wird aus der historischen Rückschau zugleich deutlich: Im Bemühen um politische Neutralität traf das Rote Kreuz im Zweiten Weltkrieg durchaus moralisch fragwürdige Entscheidungen, die seinen humanitären Zielen entgegenstanden.

Meine Geschichte

Jede Biografie ist einzigartig. Trotzdem wird vieles, was der Autor in seiner Kindheit und Jugend erlebt hat, auch seinen Altersgenossen und -genossinnen bekannt vorkommen.

Eine Kleinstadtkindheit in der Nachkriegszeit

Meine eigene Geschichte beginnt im Juli 1944 in einer westfälischen Kleinstadt. Diese Stadt mit ihren fünf Kirchtürmen ist der Schauplatz meiner Erinnerungen an Kindheit und Jugend, wie ich sie in den folgenden Geschichten festgehalten habe.

Was ich in dieser Zeit erlebt habe und worüber ich berichten will, ist nichts Spektakuläres. Während andere mit ihren Familien auf der Flucht waren, ausgebombt oder zwangsweise einquartiert, wuchs ich in recht stabilen Verhältnissen auf. Über dieses ganz normale Alltagsleben will ich berichten, über Gewohnheiten und Erlebnisse in der Familie, in der Schule, beim Spielen in den Trümmern.

Erinnerungen an die mageren Jahre

Erinnerungen können trügerisch sein. Haben wir unsere frühen Jahre wirklich so erlebt, wie sie unser Gedächtnis festhält? Oder geht vieles auf die Erzählungen von Eltern und Geschwistern zurück, Erzählungen, die so vertraut sind, dass sie Bilder der eigenen Erinnerung zu sein scheinen?

1948, ich war knapp vier Jahre alt, war ich an der Seite meiner Mutter im Münsterland, um Kartoffeln von abgeernteten Feldern zu »stoppeln«. Als ich drei war und meine Tante Gertraud mit ihrem Mann bei uns einquartiert war, da ihre eigene Woh-

Hamsterer kehren während der Berlin-Blockade 1948 mit Lebensmitteln aus dem Umland in die Stadt zurück. Ähnliche Szenen spielten sich auch bei uns im Westen Deutschlands ab. Außerhalb der Großstädte war es leichter, in Kontakt mit den Bauern zu kommen.

Am 2. September 1946 übergibt der Vorsitzende der Cooperative for American Remittances to Europe (CARE) einer Empfängerin ihr Paket.

nung ausgebombt worden war, sah ich zu, wie sie auf unserem Küchentisch ein Carepaket auspackte und den Inhalt vor der ganzen Familie zum Begutachten und Bestaunen ausbreitete. Können das wirklich meine eigenen Erinnerungen an die Nachkriegsjahre sein? Es sind wohl eher die Geschichten aus dem Mund meiner Mutter, ungemein lebensecht und in tausend Details immer wieder erzählt. Es sind Erzählungen über die »schlimmen Jahre«, die Zeiten des Mangels, der Entbehrung und für viele auch des Hungers. Wohlgemerkt: Die »schlimmen Jahre«, das waren für meine Mutter die Nachkriegsjahre, nicht die Jahre davor, über die ohnehin so gut wie nie gesprochen wurde.

Der tägliche »Überlebenskampf«, den meine Mutter später so plastisch schilderte, war allerdings für unsere Familie leichter zu bewältigen gewesen als für unzählige andere. Natürlich herrschte auch bei uns in der Phase der Lebensmittelkarten Mangel, und »Schmalhans war Küchenmeister«, wie meine Mutter sagte. Aber es gab doch genügend entbehrliches Silberbesteck, das dann und wann auf dem Schwarzmarkt nicht nur gegen ein paar Zigaretten für meinen Vater, sondern auch gegen Käse oder Wurst und manchmal eine kleine Ration vom geliebten »echten Bohnenkaffee« eingetauscht wurde.

Auch Tante Nelly half uns. Sie bewohnte im Nachbarort ein Haus mit Garten, dessen mächtige Obstbäume uns im Sommer und im Herbst mit

Äpfeln, Pflaumen, Mirabellen und Birnen versorgten. Wenn die Schnecken oder die Mundräuber bei Nacht nicht alles abgeerntet hatten, gab es dort für uns Kinder auch eine Schale köstlich süßer Erdbeeren.

Uns ging es also ein wenig besser als vielen anderen. Und doch war auch in unserer Familie der Speiseplan jahrelang bestimmt durch das Dreigestirn Steckrüben, Graupen und Rübensirup. Hier setzt meine eigene Erinnerung ein: Steckrüben kamen in jeder Form auf den Tisch, als Gemüse, als Eintopf, in der Suppe; Graupensuppe zweimal in der Woche; Rübensirup als Brotaufstrich morgens und abends. Nichts davon wollte ich später je wieder anrühren. Der Überdruss hält bis heute an.

Ein Ende des Mangels kündigte sich in Westdeutschland mit der Währungsreform 1948 an. Zumindest waren seitdem wieder alle Waren auf dem Markt erhältlich. Für uns erschwinglich waren viele Dinge deshalb noch lange nicht. So stand auf

Währungsreform

Am 20. Juni 1948 wurde in den drei westlichen Zonen die Reichsmark durch die Deutsche Mark als allgemeines Zahlungsmittel ersetzt. Jeder Bürger erhielt zunächst 40 DM »Kopfgeld«. Löhne und Mieten wurden im Verhältnis 1:1 umgestellt, Sparguthaben zu einem wesentlich schlechteren Kurs. Der Erfolg der Reform wurde nahezu unmittelbar sichtbar: Die Schaufenster füllten sich, der Schwarzmarkt verschwand, die Marktwirtschaft kam in die Gänge.

Der sowjetischen Besatzungsmacht blieb danach nichts anderes übrig, als auch in ihrer Zone möglichst rasch eine Währungsreform durchzuführen. Ansonsten hätte eine Hyperinflation durch den Transfer von alter Reichsmark aus den Westzonen gedroht. Am 23. Juni 1948 wurde in der sowjetischen Zone die neue »Deutsche Mark der Deutschen Notenbank« eingeführt, noch ohne neue Geldscheine, sondern improvisiert mit Aufklebern auf den alten. Jeder Bürger erhielt 70 Mark.

Nach Anordnung der sowjetischen Militäradministration sollte diese Reform auch in den westlichen Bezirken Berlins gelten. Das verweigerten allerdings die Westmächte und führten dort die D-Mark ein. Schon einen Tag später reagierte die sowjetische Besatzungsmacht mit der Unterbrechung der Land- und Wasserverbindungen nach Westberlin. Die Berlin-Blockade begann und sollte bis zum 12. Mai 1949 andauern.

unserem Tisch weiterhin meistens Margarine statt »guter Butter« und »Muckefuck« statt Bohnenkaffee. Wann hörten die mageren Jahre auf, wann fingen für uns die fetten Jahre an? Mein Vater orakelte damals gerne: »Wenn ich mir jeden Tag so dick gute Butter aufs Brot schmieren kann, dass sich beim Abbeißen die Zähne abdrücken, dann haben wir's geschafft!«

Mit Dick und Doof im Gloria

Bis heute bin ich mir mit meinem älteren Bruder nicht einig, welches mein erstes Kinoerlebnis war. Er beharrt darauf, dass es ein Märchenfilm war, in den er mich begleiten musste, *Rotkäppchen und der Wolf.* Meine Erinnerung sieht ganz anders aus: Am Anfang meiner langen Laufbahn als Kinogänger stehen die Bilder von *Dick und Doof,* den Slapstick-Helden meiner Kindheit. Nichts war so ulkig wie diese beiden, die als Laurel und Hardy weltweit zu Filmstars geworden waren und die im deutschen Kino so wenig schmeichelhafte – aber für uns Kinder sehr eingängige – Namen erhalten hatten: der dicke Ollie, eitel und selbstgerecht, und der naive, »doofe« Stan, der ihn mit seiner Ungeschicklichkeit in den Wahnsinn treibt. Was für ein Gejohle im Kinosaal, wenn die Missgeschicke des Duos sich häuften, Finger in Augen gestochen wurden, Verfolger mit Schrotflinten die Tollpatsche jagten und das komplette Mobiliar zu Bruch ging! Jahre später werden die Kurzfilm-Gags der beiden im deutschen Fernsehen erneut großen Erfolg haben, wir aber sahen damals die Langfilme, die allerdings auch nur eine Stunde dauerten, von *Dick und Doof auf hoher See* bis *Zwei ritten nach Texas.*

Mein Lieblingskino war das Gloria, eines von drei »Lichtspielhäusern« in unserer Stadt. Nach dem Krieg rasch wieder instand gesetzt, wirkte es auf uns Kinder wie ein großartiger Palast mit seiner hohen halbrunden Fassade, an der die gemalten Filmtransparente angebracht waren, und seinem rot ausgekleideten Saal, den wir in geheimnisvollem Dämmerlicht betraten. Platzanweiserinnen sorgten dafür, dass wir mit unseren billigen Karten nicht etwa die Logenplätze besetzten, sondern die Holzsitze im Parkett. Das Hauptprogramm ließ dann – wie im heutigen Kino – auf sich warten. Doch lag das nicht an endlosen Werbespots, sondern am sogenannten »Kulturfilm«, der uns mit seinem belehrenden Ton als Kinder und Jugendliche maßlos langweilte. Interessanter fanden wir da schon *Fox tönende Wochenschau,* die uns in der Ära vor dem Siegeszug des Fernsehens das Weltgeschehen – und natürlich große Sportereignisse – in bewegten Bildern nahebrachte. Nach dem ungeduldig ertragenen Vorprogramm, wenn ein sanfter Gongschlag das Ende der Pause ankündigte und die Besucher aus dem Foyer zurückrief, konnte es endlich losgehen, und der MGM-Löwe brüllte ...

Stan und Ollie, wie ich sie liebte – hier mit einem vierbeinigen Nebendarsteller in Dick und Doof – Schrecken aller Spione.

Ich bin dem Gloria treu geblieben, bis ich flügge wurde und meine Heimatstadt verließ. Das Kino hatte sich in all diesen Jahren überraschend wenig verändert. Der plüschige Saal blieb derselbe und wurde wohl erst sehr viel später, in den 70er-Jahren, zu mehreren Schachtelkinos umgebaut. Auch der sanfte Gongschlag, der den Hauptfilm ankündigte, wurde beibehalten. Endlich! – so dachten wir, wenn wir als Siebzehnjährige mit unserer ersten Freundin im Kinosaal auf die Dunkelheit warteten, bei *Die glorreichen Sieben* oder *Die toten Augen von London,* ganz hinten auf den teuren Logenplätzen, wo wir uns unbeobachtet fühlten.

Endlich bin ich ein i-Männchen!

Mein älterer Bruder ging gern zur Schule. Das behauptete er jedenfalls, und da ich ihn sehr verehrte und ihm bedingungslos vertraute, konnte ich es schon mit fünf Jahren kaum erwarten, auch endlich in das düstere Backsteingebäude der Volksschule einzuziehen.

So leicht aber wollten sich ihre Türen für mich nicht öffnen. Vor dem Schuleintritt stand der Reifetest, und da hatte ich zwar mit Anstand lange Reihen von Kreisen und Häkchen gemalt und somit hinreichende geistige Fähigkeiten unter Beweis gestellt, doch die erforderliche körperliche Rei-

Die stolz präsentierte Schultüte versüßte uns trotz der »schlechten Zeit« den Beginn der Schullaufbahn.

fe sprach man mir ab. Denn zu dieser besonderen Reifeprüfung gehörte es, seinen rechten Arm über den Kopf zu legen, und nur dann, wenn man zumindest mit den Fingerspitzen das linke Ohr erreichte, galt der Proband als der frühkindlichen Großköpfigkeit entwachsen und somit als schulreif. Mir aber wollte das auch mit sechs Jahren einfach nicht gelingen, trotz verzweifelter Bemühungen – zu groß war der Kopf oder zu kurz der Arm. Nicht einmal meine verheulten Augen konnten die Gutachter umstimmen, sie stellten mich für ein Jahr zurück.

Zum Glück war das letzte Wort noch nicht gesprochen. Ich habe es der Durchsetzungsfähigkeit meiner resoluten Großmutter und ihren guten Beziehungen in den Amtsstuben unserer Stadt zu verdanken, dass ich schließlich doch im April 1951 eingeschult wurde – der Schuljahreswechsel fand ja damals noch zu Ostern statt. Da stand ich dann am Ende des ersten kurzen Schultages mit geröteten Backen auf dem Schulhof und umklammerte meine spitze Schultüte, die mir fast so groß schien wie ich selbst, auf dem Rücken den neuen ledernen Ranzen, aus dem das Läppchen der Schiefertafel herausbaumelte, glücklich, aufgeregt und stolz. Ich hatte es geschafft und war jetzt ein »i-Männchen«, einer von 43 Erstklässlern.

Wer in diese Schule gehen wollte, musste katholisch sein, denn für alle Volksschulen in Westdeutschland, auch die staatlichen, galt damals die Konfessionsbindung. Unsere evangelischen Altersgenossen hatten damit in unserer katholisch geprägten Region die deutlich schlechteren Startbedingungen: Sie mussten eine »Zwergschule« besuchen, in der mehrere Jahrgänge in einer Klasse unterrichtet wurden.

Heute frage ich mich manchmal, wie es damals unsere Lehrerinnen schafften (in der Volksschule waren es meistens Frauen, die uns unterrichteten – wir redeten sie mit »Frau Lehrerin« an), eine Klasse von 40 und mehr Schülerinnen und Schülern zu bändigen. Waren wir so viel braver als spätere Generationen? Ich bezweifle das, denn ich erinnere mich auch an viele »Unbotmäßigkeiten«, an den Jux und die kleinen und größeren Gemeinheiten, die wir uns erlaubten: die nassen Schwämmchen unserer Schreibtafeln, die wir im Nacken des Vordermanns ausdrückten, Kreidestücke, mit Zwillen quer durch den Klassenraum geschossen, Mädchenzöpfe, an denen im Vorbeigehen unbedingt gezogen werden musste ... Dagegen fuhren unsere Lehrer dann allzu oft das düstere Register der körperlichen Strafen auf, wie es die heutige Schule glücklicherweise nicht mehr kennt: Fräulein Schubert war berüchtigt für ihre Kopf-

nüsse, Turnlehrer Jostens verteilte brennende Ohrfeigen, unser Religionslehrer setzte ein hölzernes Lineal als Strafrute ein. Wegen jeder kleinen Verfehlung wurden wir für einige ewig lange Minuten in die Ecke geschickt, wo wir unsere Schandtaten bereuen sollten. Eine schöne heile Welt war diese Schule unserer Kindheit nicht.

Geliebte Weihnachtszeit

Das Christkind meinte es auch in den härtesten Jahren der Nachkriegszeit gut mit uns. Weihnachten, das war und blieb das Hochfest unserer Familie, und unsere Eltern und Großeltern taten alles, um es für uns Kinder feierlich zu gestalten.

Da gab es die Weihnachtsbäckerei, die meine Mutter auch in den Jahren des Mangels mit Leidenschaft betrieb. Aus einfachen Zutaten wie Haferflocken und Blockschokolade formte sie köstliche Schokokugeln, und aus Margarine und Mehl zauberte sie wunderbare »Butterplätzchen«, auch wenn sie unablässig darüber murrte, dass sie keine »gute Butter« zur Verfügung hatte.

i-Männchen

»i-Männchen« oder »i-Dötzchen« – so wurden in unserer Gegend und im Rheinland Erstklässler genannt, alternativ zum »Abc-Schützen«. Der Ausdruck für den frisch eingeschulten Jahrgang hat seinen Ursprung wohl in der Fibel, mit der man zur damaligen Zeit Lesen und Schreiben lernte. Dort war das »i« der erste Buchstabe, mit dem man sich abmühen musste.

Ein paar brennende Kerzen am Baum, der Tannenduft, das gemeinsame Musizieren im Familienkreis machten uns Kinder glücklich.

Der gewichtige Vorbote des Christkinds kam am 6. Dezember ins Haus: der heilige Nikolaus, begleitet von seinem schwarzen, rutenbewehrten Begleiter, der in unserer Gegend Knecht Ruprecht genannt wurde. Gleich meine erste Begegnung mit den beiden verlief allerdings nicht wie geplant, da ich als Vierjähriger nicht verstehen wollte, warum sich mein Opa Walter eine rotbraune Decke umgelegt hatte und einen dicken Wattebausch im Gesicht trug. Warum fragte er mich: »Warst du denn auch artig?« – er wusste es doch! Dieser erste Eindruck minderte auch in den folgenden Jahren die Wirkung des heiligen Mannes. Doch die kleine Tüte mit Nüssen, Äpfeln und »Stutenkerl« – einem Männchen aus Hefeteig – nahm ich gerne.

Auch in den mageren Nachkriegsjahren erwartete uns am Heiligen Abend im Wohnzimmer ein Weihnachtsbaum mit Kerzen und silberglänzenden Kugeln und brachte unsere Kinderaugen zum Leuchten. Die

Christbaumkugeln hatten in einem Winkel des Kellers den Krieg überstanden, ebenso eine Pappschachtel mit Lametta, das meine Mutter vor dem Fest glatt bügelte. Eine Weihnachtskrippe kam erst später dazu – die alte Familienkrippe war auf dem Dachboden eingelagert gewesen, und der war bei Fliegerangriffen im Jahr meiner Geburt ausgebrannt. Aber Geschenke gab es, und sie waren liebevoll eingepackt, auch wenn das Papier mehrfach benutzt und ebenfalls aufgebügelt wurde. Es waren aus unserer Sicht fürstliche Gaben, denn am Weihnachtsabend warteten ausnahmsweise nicht nur die nützlichen Dinge auf uns, wie ein paar feste Schuhe oder ein neuer Pullover, sondern auch die heiß ersehnte Polizeikelle oder ein hölzerner Roller. Jedes dieser wenigen Geschenke war eine Kostbarkeit, wir liebten es, hüteten es und haben das eine oder andere Stück bis heute aufbewahrt.

Das blieb nicht so: Mit der Zahl der Kerzen und Kugeln am Baum und der Schar der Hirtenfiguren vor der Krippe wuchs im Laufe der 50er-Jahre auch der Geschenkeberg. Neben der Matchbox-Feuerwehr lagen jetzt auch noch eine neue Lok für die Märklin-Eisenbahn und natürlich die guten alten Schneiderbücher unter dem Christbaum. Der Wohlstandsbauch der deutschen Gesellschaft wölbte sich immer stärker, bis auch in unserer Familie die weihnachtliche Geschenkeflut kaum mehr einzudämmen war. Schöner waren aber wohl die frühen Jahre.

Bauten wir aus den Trümmersteinen Festungen, um Krieg zu spielen, oder spielten wir die Wieder-aufbauarbeiten nach, an denen unsere Eltern vielleicht beteiligt waren? Wie zu jeder Zeit spiegel-ten unsere Spiele die Erwachsenenwelt, in die wir hineinwachsen sollten.

Spielen in Trümmern

Heute spielen Kinder unter Aufsicht auf speziell präparierten Abenteuer-spielplätzen. Wir erlebten unsere Abenteuer auf der Straße und in den Wäldern der Umgebung und fanden dort alles, was wir für unser Spiel und für unsere Mutproben brauchten. Fast jeden Nachmittag waren wir draußen unterwegs, eine kleine Horde von Nachbarskindern, für zwei oder drei Stunden aus der elterlichen Gewalt in die Freiheit entlassen. Um Punkt 6 Uhr mussten wir zu Hause sein.

Mehr als zehn Jahre sollte es dau-ern, bis die letzten Spuren der Verwüs-tung aus dem Stadtbild verschwunden waren – für uns Kinder waren die Rui-nen bis dahin Schauplatz unserer abenteuerlichen Spiele und Entde-ckungszüge. Es waren verbotene Orte, die leeren Tür- und Fensteröffnungen waren zur Straßenfront mit Brettern vernagelt. Doch fanden wir leicht ein Schlupfloch oder stiegen über eine rückwärtige Mauer, die Ängstlichen – zu denen auch ich gehörte – wurden mitgezogen von den Verwegenen.

Wir spielten Krieg. Mauerreste aus verbrannten Backsteinen bauten wir zu Brüstungen aus und bewarfen uns von dort mit alten Dosen oder Mörtel-resten. Unsere Waffen entstanden im Eigenbau: Blasrohre mit zugespitzten Holzpfeilen oder Schwerter aus dün-nen Latten, Zwillen und »Sturmge-wehre« aus Metallarmierungen. Der echte, so kurz vergangene Krieg dräng-te sich immer dann in unsere Fanta-siewelt, wenn wir beim Graben und Herumschürfen in den Trümmern auf Munition stießen, manchmal auch auf Handgranaten oder Bomben. Na-türlich waren wir von unseren Eltern und Lehrern strengstens gemahnt worden, mit diesem Teufelszeug nicht zu spielen, sondern jeden Fund sofort zu melden. Doch scherte uns das we-nig, wenn es »nur« um Munition ging. Lieber hämmerten wir so lange mit schweren Steinen auf den Patronenhülsen herum, bis sie aufplatzten.

Bei anderen Waffenfunden hatte ich bald größeren Respekt. Mit meinem Freund Clemens, genannt »Klemme«, buddelte ich auf einem verwilderten Grundstück hinter unserem Haus, als wir auf ein graues, röhrenartiges Metallteil stießen. Wir fanden das ebenso geheimnisvoll wie interessant und beklopften es erst einmal mit einem Schraubenschlüssel von allen Seiten. Dann wurde ich von meiner Mutter gerufen und zum Bäcker geschickt. Als ich etwas später wieder zurückkam, hatte sich die halbe Nachbarschaft vor unserem Haus versammelt. In meiner Abwesenheit hatte Klemme konzentriert weitergearbeitet und aus dem unbekannten Metallobjekt einen Zünder ausgebaut. Es war eine Brandbombe. Wir hatten großes Glück gehabt, dass nichts passiert war. Nur die Schelte meiner Mutter musste ich ertragen und abends die eindringliche Standpauke meines Vaters.

Familienabend

Es gibt ein Familienleben vor dem Siegeszug des Fernsehers und ein Familienleben danach. Wie das danach aussieht, wissen wir alle, denn noch immer – trotz Internet – ist es das Fernsehen, das bei der Feierabendgestaltung der meisten den ersten Platz belegt. Was haben wir eigentlich am Abend gemacht, als die schwarzweiße, später farbige Mattscheibe noch nicht zum Familienmittelpunkt geworden war? Trieb uns die Langeweile beizeiten ins Bett?

Ganz im Gegenteil. Die Abende meiner Kindheit und frühen Jugend waren echte Familienabende. Eltern, Großeltern und Kinder aßen miteinander, spielten zusammen, erzählten. Sicherlich, es gab auch das Röhrenradio, dem wir manchmal gemeinsam lauschten, um uns an den Späßen von Peter Frankenfeld zu erfreuen oder an den Schrullen der Familie Hesselbach, die zunächst als Hörspiel gesendet wurden. Doch war

Lederhosen

Sie waren schier unverwüstlich und daher wohl das zeitgemäße Kleidungsstück für Kinder in den Nachkriegsjahren. Jeder Junge trug sie an Werktagen, auch viele Mädchen, und das nicht nur in Bayern: kurze Lederhosen aus Rohleder, mit einem großen Latz und umgeschlagenen Hosenbeinen. Die Hosenträger hatten auf der Brust einen Querriegel mit Edelweiß- oder Hirschmotiv und schlossen auf dem Rücken über Kreuz. Mit Brauchtum hatte das nichts zu tun: Es war eine Art Alltagsuniform für Kinder und Jugendliche, robust, leicht zu reinigen und an die jüngeren Geschwister vererbbar. In den 60er-Jahren starben sie dann allmählich aus: Die Jeans hatten ihren Siegeszug angetreten.

das nicht die Regel. Mein Familienabend dieser Jahre sah anders aus, und ich denke gerne daran zurück.

Der große Tisch in unserer Wohnküche war das Zentrum eines solchen Abends. Hier ließen sich gegen halb sieben meine Eltern, mein Bruder und ich und meistens auch meine Großeltern mütterlicherseits, die nur einige Straßen weiter wohnten, zum Abendbrot nieder. Das war bei uns keine aufwendige Sache, sondern ein kalter Imbiss mit Brot, Käse und Wurst, für uns Kinder ein Glas Milch und für die Erwachsenen Kräutertee. Für die Männer, und nur für sie, konnte es auch eine Flasche Bier sein. Danach wurde schnell der Tisch abgewischt, Mutter und Großmutter spülten das wenige Geschirr ab, und während die Männer sich zum Rauchen zurückzogen, kramten wir Kinder schon die Spiele hervor, mit denen wir den Rest des Abends zubringen wollten: *Mensch ärgere dich nicht,* Halma, Würfel oder Schwarzer Peter, später auch *Monopoly* oder *Scrabble*. In der Regel spielten nicht alle mit, aber jeder schaute zu, gab seine Kommentare ab, und alle unterhielten sich nebenbei.

An anderen Abenden ließen wir die Spiele im Schrank. Meine Oma, eine Art westfälische Scheherazade, war eine niemals versiegende Quelle spannender, lustiger oder auch trauriger Erzählungen aus dem Familienfundus, und wir hörten ihr gebannt zu. Ich konnte gar nicht genug davon bekommen, was sie an dunklen Winterabenden über ihren eigenen Großvater

Im Kindergarten, unter Gleichaltrigen, waren die zeitlosen Bauklötze ein nie versiegender Quell der Kreativität.

zum Besten gab, einen Mann, der offenbar das »zweite Gesicht« hatte, den Tod von Nachbarn und Freunden voraussagte und daher von allen gemieden wurde. Und ich habe noch heute ihre dramatisch verdunkelte Stimme im Ohr, wenn sie von der Tragödie ihrer kleinen Schwester erzählte, deren blonde Zöpfe am Kartoffelfeuer eines längst vergangenen Herbsttags lichterloh brannten ...

Eine Sache erscheint mir heute wirklich einer anderen Zeit zugehörig: An einem solchen Abend kamen oft Nachbarn, Freunde oder Verwandte »auf einen Sprung« vorbei, unangekündigt und ohne Einladung und doch als willkommene Gäste. Es war einfach selbstverständlich, sich in dieser Weise spontan zu besuchen und eine halbe Stunde oder mehr miteinander zu verbringen, um zu schwatzen, Neuigkeiten auszutauschen oder eine Runde Karten zu spielen. Diese entspannte und unkomplizierte Form der Geselligkeit vermisse ich heute.

Böses Werk muss untergehen ...

... Rache folgt der Freveltat! Solche Sprüche bekam ich regelmäßig zu hören, wenn mein Bruder Günter mich wegen einer angeblichen Verfehlung abstrafte. Auch aus meinem eigenen Kindermund klang es fürchterlich gespreizt, wenn wir bei einem Familienspaziergang eine leichte Steigung bewältigten: »Könnt' ich steigen dem Adler gleich/Der kommenden Sonne entgegen.« Woher wir das hatten?

Wir spielten leidenschaftlich gern Quartett: Dichterquartett oder – wie es auf dem vergilbten Deckel unseres alten Familienschatzes hieß – »Zitatenquartett«. Unsere Eltern sahen das gern – es diente schließlich unserer Bildung. Auf jeder Karte fand sich nicht nur das Porträt eines Dichters,

Ähnlich gedankenvoll blickte Dichterfürst Friedrich Schiller auch von seinen vier Karten unseres literarischen Quartetts.

sondern auch ein Vers oder ein Merkspruch, den dieser der Welt hinterlassen hatte, vier Verse pro Dichter.

Spielerisch lernten wir hier die Hochkultur in Form kleinster Zitatenschnipsel kennen. Und merkwürdig genug: Die verstiegenen Verse gefielen uns, auch wenn die Sprache seltsam altertümlich klang und der Sinn uns meist verschlossen blieb. Sie waren wie Zaubersprüche, die wir rhythmisch wiederholten und durch häufiges Spielen auswendig konnten. Noch heute, nach fast sechs Jahrzehnten, habe ich die Texte parat: Heinrich Heine, Karte 2, »Groß ist das Meer und der Himmel/Doch größer ist mein Herz.«

Beim Quartettspielen verschärften wir bald die Regeln. Es genügte nicht mehr, die Mitspieler zu fragen: »Hast du Goethe, Karte 3?« Man musste schon wortgenau aus dem Gedächtnis wissen, was man suchte: »Hast du Goethe, ›Lass das Vergangene vergangen sein!‹?« Der Kreis der Freunde, die da noch mithalten konnten, schmolz merklich zusammen zu einem exklusiven »Club der toten Dichter«.

Einige Jahre später verfiel ich einer noch viel größeren Leidenschaft. PS-Zahlen von dicken Autos, Hubraumgrößen und Zylinder faszinierten mich plötzlich mehr als der goldene Zitatenschatz der Dichtkunst. Das Autoquartett eroberte die Schulhöfe, und ich spielte es mit den anderen Jungs in jeder Pause.

Die meisten der abgebildeten »Schlitten« unseres Autoquartetts hat-

Käfer und Trabi

Er ist überhaupt *das* Symbol des west-deutschen Wirtschaftswunders nach dem Krieg. Der VW Käfer steht als er-folgreichstes Automodell für die Motori-sierungswelle, die die Deutschen in der damaligen Wiederaufbauphase erfasste. Darüber hinaus symbolisiert er den schnellen Aufstieg der Bundesrepublik Deutschland zu einer der führenden Industrienationen.

In Wolfsburg gaben sich 2005 der letzte pro-duzierte Trabi (von 1990) und der letzte Käfer (2003 in Mexiko gebaut) ein Stelldichein.

Schon vor dem Krieg von Ferdinand Porsche als Modell entwickelt und vom NS-Regime als einfacher und preiswerter »Volkswagen« geplant (offiziell: »KdF-Wagen«, weil das erschwingliche Fahr-zeug im Rahmen des »Kraft durch Freu-de«-Programms der Nazis die Stimmung in der Bevölkerung heben sollte), setzte die Serienproduktion erst 1945 in Wolfs-burg ein. Die Reißbrettstadt war eigens für die Belegschaft des neuen Automo-bilwerkes gegründet worden.

Charakteristisch für das frühe Modell war das »Brezelfenster« im Heck. Im Jah-re 1953 hatte man bereits 500 000 VWs produziert, 1955 lief der millionste Wa-gen vom Band, 1961 wurde die Fünf-Millionen-Marke erreicht.

»Käfer« wurde dieses Auto übrigens in Deutschland erst seit den 60er-Jahren genannt, als Volkswagen seine Produkt-palette erweiterte. Vorher war es einfach »der VW«.

Auch die DDR hatte ihren »Volkswa-gen«. Der Trabant war einfach und preiswert wie sein westdeutsches Ge-genstück. Und er war anfangs ebenso populär. Nur blieben die Produktions-zahlen viel zu gering, um auch nur an-nähernd den Bedarf der DDR-Bürger zu decken. Fast jeder stand damals jah-relang auf einer Warteliste für den be-gehrten Kleinwagen. Doch immerhin: Bis 1991 wurden mehr als drei Millionen »Trabis« in unterschiedlichen Modellen ausgeliefert.

1954 hatte der Ministerrat der DDR entschieden, dass ein neuer Kleinwagen entwickelt werden solle, 1957 war das Modell Trabant P50 serienreif, 1958 ging es im VEB Sachsenring Automobil-werke Zwickau in Produktion. Der erste Serien-Trabi hatte einen luftgekühlten Zweizylinder-Zweitaktmotor, schaffte eine Höchstgeschwindigkeit von 90 Stundenkilometern und hatte eine Außenhaut aus Kunststoff. »Duroplast-bomber« nannte ihn daher auch der Volksmund.

Nicht lange nach der Wende, im April 1991, war es dann vorbei mit der Trabi-Produktion. Doch der Trabi bleibt Kult, nicht anders als sein westdeutscher Bruder, der Käfer.

Über 50 Jahre nach unseren ersten Kartenspielen laufen immer noch neue Auto- und Technikquartette von der Druckmaschine.

1954 – mein Jahr als Weltmeister

Das Wunder von Bern – als der Film von Sönke Wortmann über die Fußballweltmeisterschaft 1954 vor einigen Jahren in die Kinos kam, war das für mich wie eine Zeitreise in die eigene Vergangenheit. Schließlich war ich seinerzeit ungefähr im Alter der jugendlichen Hauptfigur und nicht weniger fußballbegeistert. Anders als dieser Mattes wurde ich zwar nicht zum Maskottchen eines Fußballhelden, und ich schaffte es auch nicht bis zum Endspiel nach Bern. Doch wie das Leben eines zehn- oder elfjährigen Jungen und die Welt um ihn herum damals aussah, das Typische im Zeitkolorit und im Schicksal der Familie Lubanski, all das erkannte ich deutlich wieder.

Bei aller Zeitgenossenschaft gibt es eine zentrale Erfahrung, die ich mit diesem Mattes nicht teile: die Jahre ohne Vater. Im Film kehrt der Vater erst im Meisterschaftsjahr 1954 aus russischer Kriegsgefangenschaft heim und trifft auf eine Familie, die sich längst in einem Leben ohne ihn eingerichtet hat und in der er seinen Platz erst finden muss. Mein eigener Vater war zwar ebenfalls in Kriegsgefangenschaft gewesen, nämlich in englischer, war aber glücklicherweise schon 1946 zurückgekehrt und hatte offenbar ganz selbstverständlich wieder die Rolle des Familienoberhaupts übernommen – ich selbst habe keine Erinnerung mehr an eine »vaterlose« Zeit.

ten wir noch nie auf den Straßen gesehen. Umso mehr bewunderten wir die bunten Bildchen der eleganten Jaguars und Maseratis. Beim Spiel konnte man sie für sich erobern, man musste allerdings geschickt vorgehen. Denn beim Autoquartett ging es darum, mit der eigenen Karte die des anderen zu übertrumpfen: mehr PS, mehr Sitzplätze oder mehr Zylinder. Ohne so recht zu wissen, was denn ein »Hubraum« eigentlich ist, wurden wir zu Experten bei der Beurteilung, was ein »großer« oder ein »kleiner« Hubraum ist und wie viele Pferdestärken »viel« oder »wenig« sind.

Mein Traumauto aus dieser Zeit war ein wunderschöner zweisitziger Sportwagen, der Triumph Roadster, 90 PS und 4 Zylinder. Leider ist er ein Kindertraum geblieben.

Ich erinnere mich an viele warme Sommerabende, an denen mein Vater mit uns Söhnen auf der Straße kickte, mit dem alten, abgenutzten Lederball aus Vorkriegszeiten, und uns die ersten Tricks beibrachte. Er war es, der meinen Bruder und mich mit dem Fußballvirus infizierte. Selbstverständlich hingen wir denselben Vereinsfarben an, auf die unser Vater leidenschaftlich eingeschworen war: Blau-Weiß, die Farben von Schalke 04. In den Fußstapfen meines Vaters wurde ich zum glühenden Anhänger der »Knappen«, auch wenn der Verein längst nicht mehr an seine alten Erfolge anknüpfen konnte.

Die Fußballweltmeisterschaft 1954 erlebte ich deshalb nicht als Fan von Helmut Rahn, der in *Das Wunder von Bern* das Idol meines Altersgenossen ist. Ich schwärmte für den einzigen Schalker im deutschen Kader, Bernhard »Berni« Klodt. Er stand in der Stürmerposition ausgerechnet in Konkurrenz zu Rahn, dem Star von Rot-Weiß Essen, und es traf uns hart, als Sepp Herberger nicht Klodt zum Endspiel am 4. Juli aufstellte, sondern sich für den »Boss« Rahn entschied.

Die ungarische und die deutsche Mannschaft laufen zum Finalspiel um die Fußballweltmeisterschaft 1954 im Wankdorf-Stadion auf, das mit dem »Wunder von Bern« enden sollte – so stellte Regisseur Sönke Wortmann diese Szene in seinem gleichnamigen Film aus dem Jahr 2003 dar.

Die Dramatik dieses Spiels und sein triumphaler Abschluss ließen uns jedoch alle Vereinsrivalitäten vergessen. Ich habe das Endspiel weder vor dem Radio noch vor dem Fernseher erlebt, sondern auf der Straße – wir Nachbarskinder kickten das Spiel mit und nach, aufgeteilt in zwei Mannschaften, Deutschland gegen Ungarn. Die Mädchen schauten zu.

Wer von uns als »Ungar« antreten wollte oder musste? Ich weiß es nicht mehr. Ich weiß nur, dass ich gerne

»Nach dem Spiel ist vor dem Spiel«: Sepp Herbergers Maxime galt auch für uns jugendliche Straßenkicker.

den Part von Berni Klodt übernommen hätte, aber der war ja nun in Bern nicht dabei …

Unser Endspiel wurde an diesem Sonntagnachmittag vor der Gastwirtschaft Cordes ausgetragen, in der sich unsere Väter (und teilweise auch die Mütter) versammelt hatten. Hier gab es einen der ersten Fernseher, vor dessen kleinem schwarz-weißen Bildschirm die Erwachsenen dicht gedrängt saßen und miterlebten, wie Deutschland gegen den Favoriten Ungarn Weltmeister wurde. Durch die weit geöffneten Fenster hörten wir draußen alles mit und spielten es nach, bis zum entscheidenden Treffer von Helmut Rahn in den letzten Minuten, angeleitet von den Kommentaren des Fernsehreporters und befeuert von den lautstarken Freuden- oder Leidensäußerungen des Publikums im Saal. Am Schluss, nach dem 3:2, war der Jubel grenzenlos, und wir alle lagen uns in den Armen.

»Wir« waren Weltmeister, und die Welle nationaler Begeisterung, von der sich die Erwachsenen damals tragen ließen, das Gefühl: »Wir sind wieder wer«, übertrug sich auch auf uns Kinder. Wir waren stolz auf unsere Fußballnationalmannschaft, und wir bekamen zum ersten Mal auch eine Ahnung davon, was es heißt, stolz auf sein Land zu sein. Davon, dass dessen dunkelste Zeit noch nicht einmal ein Jahrzehnt zurücklag und wir kein leichtes Erbe antraten, hatten wir in diesem Alter noch keine rechte Vorstellung.

Zwischen Entenhausen und dem wilden Kurdistan

Mit »Idiotenfutter« sollte sich sein Sohn nicht vergiften, beschied mein Vater und konfiszierte das *Micky-Maus*-Heft, das mir ein Freund geliehen hatte. »Schundhefte« zu lesen, war mir strikt verboten, ebenso wie andere »amerikanische Unsitten«, etwa das Kaugummikauen. Der erste Generationenkonflikt zwischen meinen Eltern und mir entzündete sich an den verbotenen Paradiesäpfeln der Comicwelt.

Dabei war in den Augen meiner Eltern nicht jede Bildergeschichte Teufelswerk. Gegen die Klassiker von Wilhelm Busch, aber auch gegen die Abenteuer des Stachelkopfs Mecki aus der Programmzeitschrift *Hör zu* hatten sie keine Einwände. Die in den 50ern ungemein populären Episoden um den schlauen Igel Mecki und seine Freunde Charly Pinguin und den Schrat schienen ihnen wohl zahm genug. Sie enthielten vor allem keine Sprechblasen, sondern waren mit erzählendem Text unterlegt. Bei diesen Geschichten drohte ich also nicht das Lesen zu verlernen.

Mir selbst wurden die *Mecki*-Bildstreifen bald zu bieder und zu langweilig. Wie viel aufregender waren dagegen die Rittergeschichten von *Sigurd* oder die Dschungelabenteuer von *Akim,* und wie witzig und bunt war die Welt von Walt Disneys *Micky Maus!* Alles Schund, meinten meine Eltern, und unsere Lehrer predigten,

Seit 1949 trat der Igel Mecki in der Hör zu *auf. Mitte der 50er war er so populär, dass er auch als Plüschtier auf den Markt kam.*

dass wir uns an »gute« Bücher halten sollten und nicht an diesen sogenannten »Schmutz«. Was also tun, wenn man nicht einmal die 20 Pfennig für ein *Sigurd*-Heft zur Verfügung hatte und darüber hinaus ohnehin das Strafgericht der Eltern fürchten musste?

Meine Rettung hieß Kurti, und er ging in dieselbe Klasse wie ich. Kurti lebte bei seinen Großeltern, die nur mäßig erzieherisch eingriffen und ihn zudem sehr großzügig mit Geld für Bücher und Schulmaterial ausstatteten. Er legte es in Comicheften an, und so trafen wir uns regelmäßig bei ihm, eine ziemlich große Schmökerrunde. Wir versenkten uns gebannt in die Sprechblasengeschichten unserer Helden Tarzan oder Akim, Sigurd oder Prinz Eisenherz und lachten über die hinreißenden Sprachschöpfungen der deutschen *Micky-Maus*-Hefte: »Grübel, grübel«. Nur *Fix und Foxi* lehnte Kurti ab, die waren ihm zu kindisch. Dafür hortete er erstaunliche Mengen von Zeitschriftenausschnitten, Comicstrips wie *Nick Knatterton* aus der *Quick* und *Jimmy das Gummipferd* aus dem *stern*. Der Suchtfaktor war enorm – oder besser: die Magie, die von den Comics ausging. Die von meinen Eltern befürchtete moralische Verwahrlosung dagegen trat nicht ein.

Doch war ich für die »guten« Bücher nicht verloren. Ich las viel und gern und war ein eifriger Besucher der örtlichen Leihbibliothek. Leider gab es dort strikte Altersvorgaben für jedes Buch im Bestand, und die frommen Damen an der Ausleihtheke achteten mit größter Strenge darauf, dass nicht

schon die Seelen der Neunjährigen durch Karl-May-Romane vergiftet wurden. Glücklicherweise hatte ich einen älteren Bruder, und so las ich seine Ausleihen mit, auch später noch, als ich das Alter für Astrid Lindgrens *Meisterdetektiv Kalle Blomquist,* die *Fünf Freunde* von Enid Blyton, *Lederstrumpf* und Schneiderbücher hinter mir gelassen hatte und den spannenden Krimis von Agatha Christie und Edgar Wallace verfiel. Irgendwann entdeckte ich dann Hermann Hesse und Dostojewski für mich und las nicht nur die Pflichtlektüre für die Schule, sondern auf eigene Faust auch *Katz und Maus* von Günter Grass oder *Billard um halbzehn* von Böll – da war ich wohl zumindest als Leser zum Erwachsenen gereift.

Mit Animationsfilmen schafften die Digedags den Sprung von der Comicseite ins dreidimensionale Medium Video.

Die Digedags

Was im Westen die *Micky-Maus*-Hefte und die Familie Duck, das waren in der DDR die 1955 gegründete »Bilderzeitschrift« *Mosaik* und die Digedags. Die drei Digedags kamen in der ganzen Welt herum und bereisten weit zurückliegende Epochen ebenso wie (nach dem Start des Sputnik) den Weltraum. Ihre Beliebtheit trug wesentlich dazu bei, dass *Mosaik* zu seinen besten Zeiten eine Auflage von bis zu 800 000 Exemplaren erreichte. Später, in den 70er-Jahren, gab es Rechtsstreitigkeiten mit dem Zeichner Hannes Hegen, und *Mosaik* ersetzte die Digedags durch die Abrafaxe.

Jugendjahre – Jahre der Veränderung

Während wir heranwuchsen, veränderte sich die Gesellschaft um uns rasant. Wie begegneten wir diesen Veränderungen? Was für einen Zugriff hatten wir auf die Welt? Die folgenden Bilder aus dem Alltag enden zu Beginn der 60er-Jahre; sie erzählen Begebenheiten aus meiner Jugend. Doch es sind zugleich zeittypische Erfahrungen – wer dem Jahrgang 1944 angehört, wird sich darin sicher auf die eine oder andere Weise wiedererkennen.

Fremde in der Stadt

Sigaretta hieß das erste italienische Wort, das ich lernte. Das war leicht zu merken und auch nicht schwer auszusprechen, mit scharfem S und am Gaumen gerolltem R. Wenn man so will, war meine allererste Erfahrung als Raucher auch meine erste Begegnung mit Italien. Denn die »Fluppe«, an der ich damals mit leichtem Widerwillen zog, war die Selbstgedrehte eines jungen Italieners, der sie so selbstverständlich an mich weitergereicht hatte, als ob wir seit Langem befreundet wären. Doch wir kannten uns noch gar nicht.

Die erste Generation der italienischen Zuwanderer blieb den meisten von uns lange Zeit fremd, sehr fremd. Man nannte sie »Gastarbeiter«, aber man empfing sie nicht wie gern gesehene Gäste, sondern ging eher davon aus, dass sie wie Gäste nur für kurze Zeit bleiben würden. Natürlich gab es ein sprachliches Verständigungsproblem, aber das allein war es nicht, was uns voneinander trennte. Wir lebten damals in einer sehr geschlossenen Welt, in der jeder, der »anders« war, und sei es nur durch seine Herkunft, seine Religion oder seine Essgewohnheiten, etwas Bedrohliches verkörperte. Ein wenig hatten das auch die Vertriebenen aus den ehemaligen deutschen Ostgebieten erfahren müssen, die sich nach dem Krieg bei uns angesiedelt hatten. Jetzt aber, als die ersten Arbeitsmigranten kamen, schien die Kluft tiefer, und der Wille zur Solidarität war gering.

Auch ich, kaum 16 Jahre alt, war nicht besonders neugierig auf die kleine Kolonie italienischer Männer, die in zwei ausgedienten Eisenbahnwaggons auf dem Bahnbetriebsgelände einquartiert waren. Hier saßen sie am Abend oder am Wochenende vor ihrer viel zu engen, ärmlichen Behausung, sonnengegerbt, laut und so temperamentvoll, wie man sich Italiener eben vorstellte. Auch dass sie dabei Rotwein tranken (»In aller Öffentlichkeit!«, empörte sich meine Mutter), schüchterte mich ein bisschen ein. Und so kam es zu meiner ersten Begegnung mit den Fremden ganz ungewollt, als wir zu dritt am Waggon der ungeliebten Gäste vorbeistolperten und freundlich bedrängt wurden, eine Zi-

»Wir riefen Arbeitskräfte, und es kamen Menschen« (Max Frisch)

Das »Wirtschaftswunder« der Aufbaujahre führte in Westdeutschland schon Mitte der 50er-Jahre zu ersten Engpässen auf dem Arbeitsmarkt. Ende 1955 wurde ein erstes Anwerbeabkommen mit Italien geschlossen, später folgten Spanien und Griechenland, dann die Türkei, Portugal und Jugoslawien.

Auch in der DDR wurden seit den 1960ern Arbeitskräfte aus anderen sozialistischen Ländern angeworben. Hier hießen sie »Vertragsarbeitnehmer«. Sie wurden in Wohnheimen einquartiert, der Aufenthalt war befristet.

Die ersten »Gastarbeiter« in der BRD waren vorwiegend junge italienische Männer, die unter teilweise unwürdigen Bedingungen in Baracken untergebracht wurden. Sie verdienten ihr Geld in Deutschland, um ihre Familien in Sizilien oder Kalabrien zu versorgen. Erst später, in den 60er-Jahren, begann der Familiennachzug, mit dem Deutschland zumindest für einen Teil der Betroffenen zur neuen Heimat wurde.

Armando Rodrigues de Sá aus Portugal wurde am 10. September 1964 als millionster Gastarbeiter in der BRD feierlich begrüßt.

Die Zahl der Arbeitsmigranten stieg von etwa 330 000 im Jahre 1960 auf 1,9 Millionen zum Ende des Jahrzehnts.

Als später aber die Konjunktur abkühlte und weniger Arbeitsplätze zur Verfügung standen, musste man in Deutschland erst lernen, dass die Zugewanderten keine Verschiebemasse sind, sondern Menschen, die ihren Lebensmittelpunkt in diesem Land haben.

garette mit ihnen zu rauchen. Meine beiden Freunde sagten nicht Nein, und so gab auch ich, der ich das Rauchverbot meines Vaters bislang strikt befolgt hatte, am Ende nach.

Mit dieser ersten gemeinsamen Zigarette war das Eis zwar noch nicht gebrochen, aber es bekam Risse. Wir gesellten uns häufiger zu den fröhlichen Italienern, lernten ihre Namen und ein paar Brocken ihrer Sprache, wir betrachteten die Fotos ihrer fernen Familien und ihrer ländlich-schönen Heimat. Meine persönliche Italiensehnsucht wurde hier geboren, bei Menschen, die mir offener und geselliger schienen, als ich es sonst kannte. Meine erste Auslandsreise, das nahm ich mir fest vor, sollte mich nach Italien führen – und viele Deutsche machten es mir vor in diesen Jahren.

Bei mir sollte es allerdings noch ein paar Jahre dauern, bis ich den Brenner überquerte. Bis dahin trösteten mich die unwiderstehlichen Eisbecher der ersten Eisdiele am Ort und die *canzoni* von Rocco Granata oder Domenico Modugno: *Volare, cantare ...*

Radiozeit: Die Ruhe vor dem Sturm

Klingelnde Handys, Dudelmusik in Kaufhäusern, überlaute MP3-Player: Wir leben heute in einer akustisch verschmutzten Umwelt, die mit Millionen elektronischer Lärmquellen aufgerüstet ist. Dagegen scheinen mir die frühen Jahrzehnte meines Lebens wohltuend ruhig. Noch waren die technischen Möglichkeiten der Unterhaltungselektronik vergleichsweise bescheiden. Uns fehlten auch einfach die Mittel, um alles zu kaufen.

Am Anfang stand der Radioapparat. In unserer Familie war das irgendwann nicht mehr der Volksempfänger aus nationalsozialistischer Zeit, sondern ein modernes Gerät, ein Nordmende-Radio mit UKW-Empfang. Das sperrige Möbel thronte – wie viele Jahre später der erste Fernseher – mit einem Spitzendeckchen unterlegt an einem Ehrenplatz in unserer guten Stube. Tatsächlich war es auch der ganze Stolz meines Vaters, er hatte viel dafür bezahlt, fast einen ganzen Monatslohn.

So sah er es anfangs auch nicht gerne, wenn wir Kinder mit den weißen Plastikknöpfen spielten, die sich so tief und weich herunterdrücken ließen, oder wild am Einstellknopf drehten, sodass die Frequenzen nur so vorüberflogen. Am meisten faszinierte mich das große Zyklopenauge, das mit seiner giftgrünen Farbe die Empfangsbereitschaft anzeigte. Und dann gab es da die merkwürdigsten Namen auf der Mittelwellenskala (Beromünster!), exotische Stationen, die auch die Erwachsenen nicht kannten und zu denen wir uns fantastische Geschichten ausdachten.

Ein Plattenspieler, ebenfalls ein moderner für Vinylplatten (wenn auch nicht der »Schneewittchensarg« von Braun, der kam später), ergänzte bald das Medienangebot in unserem Haushalt, aber dabei blieb es dann auch für

Sobald der Fernseher im Haushalt Einzug gehalten hatte, etablierte er sich als neuer Mittelpunkt der abendlichen Freizeitgestaltung.

Am 3. August 1957 flimmerte erstmals Zum Blauen Bock *mit Otto Höpfner über die Mattscheiben. Die Sendung lief bis 1987!*

viele Jahre. Standhaft verteidigte mein Vater sein Haus als fernsehfreie Zone, galt ihm doch der Fernseher als »Verblödungsapparat«, der unsere grauen Zellen zu vernichten und unsere Zeit zu verschlingen drohte. Doch irgendwann musste er nachgeben, es war 1961 – die Welt um uns herum hatte sich verändert. Viele Familien besaßen jetzt ein Fernsehgerät, selbst meine sparsamen Großeltern. Und auch ich wollte endlich mitreden können, wenn meine Freunde von *Rin-Tin-Tin, Perry Mason* oder *Am Fuß der blauen Berge* erzählten.

Damit war der Damm gegen die Medienflut gebrochen. Noch gab es nur ein einziges Fernsehprogramm, und doch waren wir so süchtig nach den bewegten Bildern, dass wir von nun an viele Spätnachmittage und Abende vor der Mattscheibe verbrachten. Ich wollte einfach alles sehen, selbst Sendungen, die meinen 17 Jahren ganz und gar nicht mehr entspra-

chen: *Corky und der Zirkus,* sogar das Sandmännchen ... Ich liebte amerikanische Serien *(Fury!),* ich fieberte mit den Quizkandidaten bei den schwierigen Wissensfragen von Heinz Maegerlein in *Hätten Sie's gewusst?,* und ich verfolgte gebannt das *Stahlnetz.* Einige Jahre später war ich ein wenig peinlich berührt angesichts der Vorstellung, dass ich auch beim *Blauen Bock* am Samstagnachmittag neben meinen Eltern gesessen und über Otto Höpfner als Bembel-Wirt gelacht hatte. Mein damaliger Fernsehhunger war einfach unstillbar gewesen.

Bald darauf hatte ich mein Herz an ein Grundig-Tonbandgerät verloren, meine Mutter stellte sich in der Küche ein zweites Radio auf, mein Bruder kaufte sich ein mobiles Transistorradio mit Batteriebetrieb – wir waren im Medienzeitalter angekommen.

Erste Liebe

Mädchen und Jungen – um zusammenzufinden, mussten wir damals einen langen Weg zurücklegen. Die ersten Gräben waren schon im Kindesalter gezogen: Draußen auf der Straße machten die Mädchen Hüpfspiele (»hinkeln« nannten wir das in unserer Gegend), wir Jungs kickten oder spielten Krieg. Ein Mädchen an unserem rauen Zeitvertreib teilhaben zu lassen, war völlig ausgeschlossen, das verbot die »Ehre«. Sie durften uns zuschauen, diese bezopften fremden Wesen, aber nicht mitmachen, und nur ganz selten fanden wir doch alle zusammen und spielten Völkerball.

Auch die Schule tat alles, um die Geschlechter voneinander fernzuhalten und auf ihre traditionellen Rollen auszurichten. Ich ging zwar in der Volksschule in eine gemischte Klasse, aber Mädchen und Jungen saßen getrennt in ihren Bänken. Die einen erhielten Handarbeitsunterricht, während die anderen das Werken lernten. Der Wechsel auf die höhere Schule verschärfte diese Situation, ging ich doch nun auf ein reines Jungengymnasium. Das andere Geschlecht rückte noch ferner und blieb mir ein großes Mysterium. Ich hatte ja nicht einmal eine Schwester!

So schoss mir noch mit 15 das Blut ins Gesicht und die Zunge lag mir wie Blei im Mund, wenn ich beim Geburtstagsfest meiner Mutter neben eine entfernte Cousine im selben Alter gesetzt wurde. Auch die Begegnung männlicher und weiblicher Kohorten im Kino oder nachmittags in der Milchbar führte vorerst nicht zu der erhofften Annäherung. Natürlich gab es bei uns Jungs wie bei den Mädchen auch die Forschen, die Gutaussehenden, die »Erfahrenen«, die über einem Milchshake schnell ins Gespräch kamen. Doch war das nicht meine Liga. Es half nichts, dass auch ich endlich eine »Nietenhose« trug, die Stirnhaare mit Pomade zur Tolle formte und mich ein bisschen halbstark gab – es wurde weder ein James Dean noch ein Horst Buchholz aus mir, und die Mädchen mit ihren koketten Pferdeschwänzen und ihren gebauschten Petticoats sahen an mir vorbei.

Aber dann kamen wir uns zwangsläufig näher, und auch ich kam nicht

Petticoats

»… die Pullis blau und gelb und rot, zum Rock den neuen Petticoat«: Conny Froboess besang 1958 das damalige Paradestück der weiblichen Jugendmode, den Petticoat. Während die »halbstarken« Jungmänner zum Leidwesen ihrer Eltern Jeans (»Nietenhosen«), Lederjacke und »Entenschwanz«-Tolle trugen, banden die jungen Frauen ihr Haar kokett zum Pferdeschwanz und hüllten sich in lange, in der Taille enge Röcke, die von den versteiften Unterröcken aus Kunstfaser gebauscht wurden.

Ein scheues Lächeln, ein zurückhaltender Diener vor der Aufforderung zum Tanz – und das alles in respektvollem Abstand. Dieses Foto bringt sehr schön zum Ausdruck, wie verhalten unsere ersten Begegnungen mit dem anderen Geschlecht oft waren – und wie ungeheuer aufregend zugleich!

mehr darum herum, ein Mädchen in den Arm zu nehmen – in der Tanzschule. Der Tanzkurs wurde über unsere Schule organisiert, und wir trafen mit unseren 16 oder 17 Jahren auf Schülerinnen des katholischen Mädchengymnasiums, die ein Jahr jünger waren. Nichts sprach zunächst dafür, dass wir gerade hier unsere Scheu voreinander ablegen würden. Zu fremd fühlten wir Jungen uns in unseren Anzügen, zu steif saß der Kragen der Nyltesthemden am Hals, zu abweisend wirkten die Mädchen in ihren schwarzen Taftröcken und weißen Blusen.

Doch schon in der ersten Stunde entdeckte ich eine neue Seite an mir, ein mir bisher unbekanntes Talent für Rhythmus und Takt. Ich war ein guter Tänzer. Das fiel schließlich auch einem dunkelblonden Mädchen mit Rundschnitt und braunen Augen auf, dem ich wohl beim langsamen Walzer als einziger nicht auf die Füße getreten war. Ingrid ließ mich wissen, dass

sie gerne öfter mit mir tanzen wolle, und so nahm das Ganze seinen Lauf: Nach drei Wochen wagte ich es, ihre Hand noch festzuhalten, wenn wir von der Tanzfläche kamen, nach dem Mittelball tauschten wir auf dem Nachhauseweg den ersten zarten Kuss.

Wir »gingen« zusammen, mehr als zwei Jahre. Doch wie keusch waren wir damals! Mit wie vielen Tabus war das Thema Sexualität belastet und mit wie vielen Verboten und Ängsten! Noch gab es keine Pille (zumindest nicht für Unverheiratete), noch fürchtete man die »Schande« des unehelichen Kindes, noch regierte der Kuppelparagraf. Und es galt der »Instanzenweg«, den Conny Froboess und Peter Alexander in diesen Jahren besangen: *Verliebt, verlobt, verheiratet.* Die Nachgeborenen sollten es in dieser Hinsicht leichter haben – aber sind sie deshalb wirklich glücklicher geworden als meine Ingrid und ich in unserer ersten Liebe?

Etwas gerät in Bewegung

Es gibt politische Erfahrungen, die eine Generation prägen: einschneidende Ereignisse und Veränderungen, polarisierende Konflikte, zeittypische Stimmungsbilder. Was war das für unseren Jahrgang?

Von der »großen« Geschichte während meiner frühen Jahre ist mir nur wenig in Erinnerung geblieben. Da sind Bilder vom Moskaubesuch Adenauers und der anschließenden Rückkehr der letzten deutschen Kriegsgefangenen aus Russland. Ich sehe meinen Vater vor dem Radiogerät, wenn er am Abend einer Bundestagswahl stundenlang die Einzelergebnisse aus den Wahlkreisen anhört – eine frühe Hochrechnung oder gar eine Wählernachbefragung wie heute gab

es ja noch nicht. Ich erinnere mich gut an das Verbot der Kommunistischen Partei 1956, weil es einen Familienskandal auslöste: Ein Cousin meiner Mutter, das »rote Schaf« der Familie, setzte sich anschließend in die DDR ab. Dann natürlich der Sputnik, den die Sowjetunion ein Jahr später in den Weltraum schoss. Auch unser kleiner Familienkreis fragte sich voller Furcht, ob uns »der Osten«, der nun technisch überlegen schien, bald aus dem All angreifen könnte.

Überhaupt scheint es mir, dass unsere Kindheit und Jugend in politischer Hinsicht von Ängsten bestimmt war. Wir wuchsen in die Spannungen des Ost-West-Konflikts hinein, hatten Angst vor einem neuen Weltkrieg, der mit Atomwaffen geführt werden würde, und fühlten uns vom »Osten«,

Der Bau der Berliner Mauer war ein Schock für uns alle, nicht nur für diejenigen, die Verwandte in der DDR hatten. Auf diesem Bild von 1962 verstärken DDR-Grenzsoldaten den Stacheldraht – ein treffendes Symbol für die provokative Verschärfung des Ost-West-Konflikts durch die Mauer.

dem Kommunismus, bedroht. In der Schule gab es Probealarm, und wir lernten, was im Fall eines atomaren Angriffs zu tun sei: Unter einen Tisch kriechen. Meine Mutter befolgte die Empfehlungen der »Aktion Eichhörnchen« zur Vorratshaltung für den Ernstfall und stapelte im Keller Dosennahrung: »Denk daran, schaff Vorrat an!« Im Jahr 1958 muss es gewesen sein, dass ich die erste Demonstration in unserer Stadt erlebte: »Kampf dem Atomtod!« Ich erinnere mich auch noch gut an die angespannten Tage, als die Kubakrise 1962 auf ihren Höhepunkt zusteuerte und wir in abendlichen Bittgottesdiensten um die Abwendung eines neuen Weltkrieges

Am 1. Mai 1958 rief auch der Deutsche Gewerkschaftsbund zu Demonstrationen gegen die atomare Bewaffnung Deutschlands auf.

Göttinger Manifest

Sollte Deutschland eine Atommacht werden? Mitte der 50er-Jahre folgte die Strategie der atomaren Abschreckung ganz der Logik des Kalten Krieges. Die Bundesregierung mit Konrad Adenauer an der Spitze drängte darauf, auch hinsichtlich der Ausrüstung mit »taktischen« Atomwaffen gleichberechtigter NATO-Partner zu werden. Dagegen formierte sich 1957 die erste große Protestbewegung der noch jungen Bundesrepublik unter der Parole »Kampf dem Atomtod«.

Den Anstoß gaben am 12. April 1957 18 Naturwissenschaftler der Göttinger Universität. Sie veröffentlichten das »Göttinger Manifest«, mit dem sie in eindringlichen Worten vor den Gefahren der atomaren Bewaffnung warnten. Es waren nicht irgendwelche Wissenschaftler, die sich hier an die Öffentlichkeit wendeten, sondern es waren die führenden deutschen Atomforscher, unter ihnen Otto Hahn, Werner Heisenberg, Max Born und Carl Friedrich von Weizsäcker. Wenige Wochen später solidarisierten sich auch die wichtigsten Atomforscher der DDR mit ihren Göttinger Kollegen.

Die Bundesregierung ließ sich weder durch das Göttinger Manifest noch durch die Massenproteste auf den Straßen, in den Universitäten und in den Betrieben von ihrer Atompolitik abbringen. Im März 1958 stimmte der Bundestag der Aufrüstung der Bundeswehr mit Atomwaffen unter dem Oberbefehl der NATO zu. Später entschied allerdings der NATO-Rat, dass die stationierten Nuklearwaffen in der Befehlsgewalt der USA verbleiben sollten.

beteten. Wenn es etwas gibt, was uns alle politisch »in der Wolle gefärbt« hat, dann ist es das Krisenbewusstsein des Kalten Krieges.

Kaum weniger stark wirkte der Antikommunismus. Für mich, in Westdeutschland geboren und aufwachsend, gab es tatsächlich ein »Reich des Bösen«, und das lag im Osten. Nicht erst seit dem Bau der Mauer im August 1961 erschien mir die DDR, die auch in unserer Familie nur »Sowjetzone« hieß, als ein großes Zwangslager. Doch was wussten wir schon von diesem Land und den viel beschworenen »Brüdern und Schwestern«, denen wir Päckchen »nach drüben« schickten? Als ich einmal bei Verwandten im Nordhessischen zu Besuch war und dort das DDR-Sandmännchen sah, war mir – ich war vielleicht 16 Jahre alt – unerklärlich, dass so etwas Liebenswertes von dort kommen sollte. Die agitatorische Sendung *Der Schwarze Kanal* passte viel besser in mein Weltbild.

Wurden wir politisch aktiv, als wir heranwuchsen? Einige von uns sicherlich, aber die Mehrzahl stand der Politik ebenso fern wie die Jugend heute. Und doch gärte da etwas, als wir ins wahlfähige Alter kamen. Bei meinen Freunden und mir war es kein Aufbegehren gegen unsere Eltern, wir folgten auch keiner parteipolitischen Orientierung. Aber wir hatten das unbestimmte Gefühl, dass dieses Land neue Gesichter – einen deutschen John F. Kennedy! – und neue Ideen brauche. Die Losung »Keine Experi-

mente!«, mit der die CDU einst so erfolgreich gewesen war, war Mitte der 60er-Jahre schlicht überholt. Etwas war in Bewegung geraten, nicht nur in der Politik, sondern auch in der Musik, im Film, in der Art zu leben und zu lieben – und wir waren offen dafür.

Das Füllhorn der Erinnerungen

Natürlich gibt es noch unendlich viele andere Geschichten, die zu erzählen wären, über Brausepulver und Badesee, Roller und Fahrrad, den Führerschein und die erste Bundestagswahl, über Peter Alexander und Bill Haley, das große Schweigen über die Nazivergangenheit und das Staunen über die junge Queen, über Kirchgang, Kegelbahnen und Autoscooter ... So unergründlich die Erinnerung ist und so reich unsere gelebte Erfahrung, so knapp bemessen sind leider die Seiten dieses kleinen Buches.

Meine Geschichten sollten Sie vor allem anregen, sich an die prägenden Jahre der eigenen Kindheit und Jugend zu erinnern. Ich hoffe, das ist mit diesem Büchlein gelungen. Nun ist es an Ihnen, die Geschichte unserer Generation zu vervollständigen: die heiteren und die traurigen Erfahrungen, die schlechten wie die guten Zeiten eines Lebens zu erzählen, das im schwierigen Jahr 1944 begann – in einem Jahr, in dem kaum jemand zu hoffen wagte, dass die Deutschen so bald die Chance zu einem Neuanfang erhalten würden.

Chronik

19. Januar 1944
Verhaftung von Helmuth James Graf von Moltke. Er ist einer der Köpfe der gegen das nationalsozialistische Regime gerichteten Widerstandsgruppe »Kreisauer Kreis«.

28. Januar 1944
Die Rote Armee sprengt den Belagerungsring der Wehrmacht um Leningrad. Die Stadt ist nach über 900 Tagen unter deutscher Belagerung befreit.

28. Januar 1944
Uraufführung des Films *Die Feuerzangenbowle* mit Heinz Rühmann

20. Februar 1944
»Big Week«: Beginn einer großen Luftoffensive der Alliierten gegen Rüstungs- und Industrieanlagen in zahlreichen deutschen Städten.

4. März 1944
Beginn der Frühjahrsoffensive der Roten Armee. Am Ende dieser Offensive wird die deutsche Wehrmacht die Ukraine geräumt haben.

19. März 1944
Das bisher mit Deutschland verbündete Ungarn wird von der Wehrmacht besetzt. Wenig später beginnt die Deportation der ungarischen Juden.

3. Mai 1944
Spanien schränkt auf Druck der Alliierten seine Zusammenarbeit mit Deutschland ein.

4. Juni 1944
Die Alliierten marschieren in Rom ein, das nicht mehr verteidigt wird.

6. Juni 1944
Landung der Alliierten in der Normandie

22. Juni 1944
Beginn der Sommeroffensive der Roten Armee. Sie führt zur kompletten Zerschlagung der deutschen Heeresgruppe Mitte an der Ostfront.

24. Juni 1944
Der deutsche Schriftsteller und Literaturnobelpreisträger Thomas Mann erhält im amerikanischen Exil die US-Staatsbürgerschaft.

20. Juli 1944
Das Attentat auf Hitler durch die Widerstandsgruppe um Stauffenberg, Beck und andere scheitert.

23. Juli 1944
Mit dem KZ Majdanek in Ostpolen wird das erste Vernichtungslager durch die Rote Armee befreit.

24. Juli 1944
Die Verfilmung von Anna Seghers' Roman *Das siebte Kreuz* in der Regie von Fred Zinnemann läuft in den amerikanischen Kinos an.

1. August 1944
Beginn des Warschauer Aufstandes gegen die deutschen Besatzer. Der Aufstand wird am 2. Oktober 1944 mit der Kapitulation der polnischen Heimatarmee enden. Auf Befehl Himmlers wird Warschau im Zuge einer Vergeltungsaktion vollständig zerstört.

12. August 1944
Die SS ermordet als Vergeltung für Partisanenangriffe die 560 Bewohner des italienischen Ortes Sant'Anna di Stazzema.

25. August 1944
Die Alliierten ziehen in das unzerstörte Paris ein.

1. September 1944
Auf Anordnung von Reichspropagandaminister Goebbels schließen alle deutschen Theater und Opernhäuser. Nur die Kinos dürfen aus Propagandagründen weiterspielen.

2. September 1944
Der US-Finanzminister Henry Morgenthau legt den nach ihm benannten Plan zur Deindustrialisierung des besiegten Deutschland vor. Er wird nie umgesetzt, stattdessen wird Westdeutschland im Zuge des Marshallplanes wiederaufgebaut werden.

11. September 1944
Amerikanische Einheiten erreichen von der Normandie kommend die deutsche Reichsgrenze bei Trier.

12. September 1944
Im »Londoner Protokoll« einigen sich die USA, Großbritannien und die Sowjetunion auf die Teilung des besiegten Deutschland in Besatzungszonen.

25. September 1944
Hitler ordnet die Aufstellung des sogenannten »Volkssturms« aus Jugendlichen und Senioren an.

10. Oktober 1944
Die Rote Armee erreicht die deutsche Grenze in Ostpreußen.

21. Oktober 1944
Als erste deutsche Großstadt wird Aachen von amerikanischen Truppen erobert.

7. November 1944
Roosevelt gewinnt zum vierten Mal die amerikanischen Präsidentenwahlen. Er wird der einzige US-Präsident bleiben, der – aufgrund der Krisensituation des Zweiten Weltkriegs – mehr als zwei Amtszeiten absolviert.

10. November 1944
Öffentliche Hinrichtung von 13 Mitgliedern der »Ehrenfelder Gruppe«, einer Widerstandsgruppe um den geflohenen KZ-Häftling Hans Steinbrück, in Köln, darunter fünf Jugendliche aus dem Umfeld der oppositionellen »Edelweißpiraten«

31. Dezember 1944
Hitler hält seine letzte Silvesteransprache über den Rundfunk.

Über dieses Buch

Der Autor

Manfred Heuberg wurde 1944 in Westfalen geboren und wuchs in einer Kleinstadt auf. Nach seinem Studium in Bonn unterrichtet er seit 1973 Deutsch und Geschichte an einem Gymnasium in Duisburg. In seiner Freizeit verfasst er seit vielen Jahren historische und volkskundliche Zeitschriftenbeiträge. Derzeit freut er sich auf seine Pensionierung, um noch mehr Zeit mit seinen beiden Enkeln verbringen zu können.

Bildnachweis

dpa picture-alliance: 5 oben links (akg-images), 5 oben rechts (akg-images), 5 unten links (akg-images), 5 unten rechts (akg-images), 7, 8 (dpa), 9 (akg-images), 10 (akg-images), 11 (akg-images/Heinrich Hoffmann), 12 (akg-images/Florian Profitlich), 14 (91050/KPA/TopFoto), 15 (PA), 16 (akg-images), 17 (akg-images), 18 (Heinrich Hoffmann), 19 (akg-images), 21 (91050/KPA/TopFoto), 22 (akg-images), 23 (akg-images), 24 (akg-images), 25 (akg-images), 27 (Scanpix 20360), 28, 29 (Schirner Sportfoto), 30 (Schirner Sportfoto), 31 (Leemage/MAXPPP 28629), 33 (akg-images/Iwan Schagin), 34 (dpa), 35 oben links (akg-images), 35 oben rechts (dpa), 35 unten links (dpa), 35 unten rechts (akg-images/Gert Schuetz), 36 (akg-images/Hilbich), 37 (dpa), 39 (akg-images), 40 (akg-images), 42 (Eva Richter), 43 (dpa), 45 (akg-images/Werner Hoffmann), 46, 47 (Wolfgang Weihs), 48 (Jan-Peter Kasper), 49 (90061), 50 (dpa), 51 (akg-images), 52 (Hubert Link), 54 (Horst Ossinger), 55 (akg-images), 56 (hr/Pressestelle), 57 (akg-images/Gert Schuetz), 58 (Bachem), 59 (Vonderheid), 60 (Göttert)

Impressum

Es ist nicht gestattet, Abbildungen und Texte dieses Buches zu digitalisieren, auf digitale Medien zu speichern oder einzeln oder zusammen mit anderen Bildvorlagen/Texten zu manipulieren, es sei denn mit schriftlicher Genehmigung des Verlages.

Weltbild Buchverlag
–Originalausgaben–
© 2009 Verlagsgruppe Weltbild GmbH, Steinerne Furt, 86167 Augsburg
3. Auflage 2009
Alle Rechte vorbehalten

Projektleitung: Gerald Fiebig
Redaktion: Carmen Dollhäubl
Umschlaggestaltung: GROW COMMUNICATIONS Agentur für Werbung und Gestaltung, Augsburg
Umschlagfotos: dpa picture-alliance/Bernhard Frye (oben links), dpa picture-alliance/DB (oben rechts), Photo Warner Bros./Collection Sunset Boulevard/Corbis (unten links), Popperfoto/Getty Images (unten rechts)
Innenlayout: Sabine Müller
Layoutrealisation und Satz: Lydia Kühn
Reproduktion: Point of Media GmbH, Augsburg
Druck und Bindung: Firmengruppe APPL, aprinta druck, Wemding

Gedruckt auf chlorfrei gebleichtem Papier

Printed in the EU

ISBN 978-3-86800-062-7